直觉

财富，给直觉对的人

火越 著

火越 诠释财富印象

"云想衣裳花想容，春风拂槛露华浓。若非群玉山头见，会向瑶台月下逢。"

纵观画面，美丽的少女与金灿灿的"财富"交相辉映，神秘的宇宙之"蓝"衬托下，跃入眼帘的自然之景赏心悦目。少女身旁又见一钩弯月悬在天空，宛若嫦娥下凡赐福人间。

"初月如弓未上弦，分明挂在碧霄边"，弯月之中镶嵌着绿、红、黄、蓝四种元素，组合成"直觉"主题，代表了人类生存之地球时空的春、夏、秋、冬，也与"赢得八方客，生得四季财"，精妙契合。

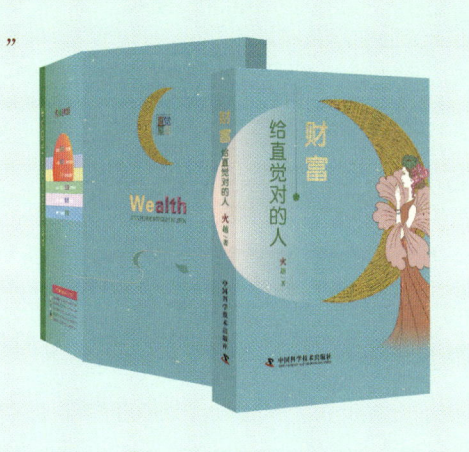

轻轻掀起，又见一轮红日在蓝色的云海上虹霞迭起，橙、黄、绿、紫、蓝五种彩条相拥其间，明艳纷呈。喷薄而出的太阳上，错落有致的多彩汉字，仿佛"天空织锦绣，大地铺彩绸"，尽感身心舒适、心情愉悦。

"面前"的太阳将蓝色地球印在月球之上，映现出一钩弯月，创意巧夺天工。金色的弯月也为"天圆"，侧看其形，像是古老的铜锁，只能用"直觉"之秘钥开启；远观眺望又如外圆内方的古钱币，泛着耀眼的光芒。而中国古钱币创意，一贯遵循外圆内方之道，"天圆无边，心量有形"，对外圆融，内心方正，可谓"君子爱财，取之有道"。破译自然法则，揭示财富奥妙，顺势如"天"，形神合一，聆听直觉的声音。

它将跨越心灵的宽度，超越生命的长度，震撼灵魂的深度！

自序

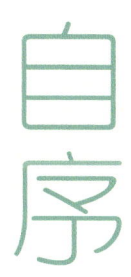

古往今来，人们总希望能像先知或预言家那样，拥有预知未来的能力，可"一叶知秋"，于细微中窥见博大。

预感、预知、预测实际上是一种生命活动的本能，例如人的感知功能，我们也称为"第六感官"，实际上人人都在不同程度地运用着，有些运用是有意识的，更多是无意识的。比如孪生兄弟、孪生姐妹、亲人间的感知现象。很多动物拥有的预感能力比人类还要强大许多，也充分说明了这一点。只不过人类被世上的身外之物所困，一些本能便消失得无影无踪了。

这种感知能力得自宇宙天地，本是自然而然的。人立于天地之间，不可避免要与外界自然环境进行生物、物理传感，与外在世界的积极互动，可以激发人类自身潜藏的能量。听力聪敏的，能听到自我的心声；视力明澈的，能看到自己的天性真情。

世界上存在一个与思维过程有关的场，称为"思维场"。在人们的思维过程中，"思维场"的变化往往会引发"心理障碍"等症状。这类似我国中医理论中的"思伤脾",也许就是当今科学家提出的"能量无量劫"吧。正如**比尔·盖茨**曾说"聪明人往往关注更加形而上学的问题"。

我们往往认为,证明一个事物的存在,最好的证据,就是让人亲眼看到它,因为多数人认为,眼睛是不会骗人的,只有看到了,才能真的感受到它的存在。眼睛观察不到的东西完全不值得相信,而且任何人、任何事物都无法强迫我们去相信。但事实上,由于人的眼睛只能看到物质世界的表面现象,所以它捕捉到的信息不一定是正确的。人的其他感官也有其局限性,即使是经过大脑筛选的信息有时也未必是准确无误的。

人类的感官都是对外界的信息进行有取舍地接收:眼睛仅对很窄的光谱范围产生感觉;耳朵也只能听到一定频率范围的声音;鼻子也只可嗅到很小范围的味道。无论你有多聪慧,也只是宇宙无限大数字分之一的存在。而且在接收到的信息中,我们都会关注"有",却不懂得关注"非有"。我们认识某一信息,也只能通过过去的经验来理解它,或是用现在得到的信息反过来再去理解过去的经验。

也许你碰到过这样的情形吧?突然想起一个多年未见的老熟人,结果第二天就和他真的遇上了;突然想给一个过去很好的朋友打个电话,刚拿起电话时,对方却打来了电话;一天晚上突然做了一个梦,而且印象深刻,没过多久,梦中的情景便真的在现实中出现了。

有人问爱因斯坦:"请问,您是如何发现相对论的?"爱因斯坦回答道:"依靠直觉和想象!"言下之意,相对论的发现似乎也得到宇宙

"神秘力量"的指引。爱因斯坦在其他场合也多次提到这一观点,他说人们之所以领悟不到宇宙的"秘密",是因为他们习惯将自己桎梏在眼见为实的牢笼里,不允许自己尽情想象,大胆假设,从而掩盖了直觉的光芒。

人类生存的这个世界,关于"觉"的状态,又分为三种类别,即未觉、错觉、直觉。未觉是指不知不觉,亦称未知未觉;错觉,是由于干扰和人性缺陷而造成的对客观事物的不正确感知,它是歪曲的知觉;直觉是指不受人类意志控制的特殊思维方式,它是基于人类的职业、阅历、知识和本能而存在的一种思维形式。直觉具有迅捷性、直接性、本能意识等特征。直觉作为一种心理现象贯穿于日常常见的文字、图像和预感(做梦)中,存在于日常生活、事业和科学研究领域。直觉类似大自然中的空气,当你想捕捉它的时候,它会消失得无影无踪;当你不在意它的时候,它又会像神来之笔给予你意外和惊喜。直觉突现于人类大脑的右半球,它能对突然出现在面前的新事物、新现象、新问题及其关联事物、现象及问题,进行一种迅速的识别、敏锐而深入的洞察、直接的本质理解和综合的整体判断。简而言之,直觉就是一种人类的本能知觉之一。

而人与动物的不同之一,正在于自我意识的不同。动物的自我意识由本能构成,而人类是思考的动物,人的自我意识除本能之外还有可自由发挥的思想,即选择的自由。正由于人类自我意识的独立性,才能在不断受到外界各种刺激的干扰之下,仍有自己区别于动物本能的"回应能力"。如果"回应能力"与之后的结果相一致,就是先知先觉。

在大千世界中,少数人对商业机会的把握会比其他人早一些,这些人往往是未觉,甚至出现错觉。觉不是看到、听到、学到,而是悟到,也就是每个人应有的直觉,特别是别人还没有意识到的突变。在这个商业氛围较浓的时代,操作的方式有很多,即使你熟知了这些明白记载于书本、生动授自各路高手的赚钱技巧,却还是难以成为市场的赢家。多数人始终坚定着有形的资金、执着于商品或投资产品的差价,坚守着市场教会的谬误,把自己的交易习惯与常理机械地固化下来,其结果可想而知。在这个商海之中,再"好"的项目也可能赔钱,再"坏"的品种也有赚钱的机会。选择什么样的项目与投资品种不是最重要的,选对行业并把握进入的时机或节奏,才是关键。

因此,《财富,给直觉对的人》不是教你如何去预测明天的市场短期变化,而是通过探求自然天成的奥秘,教你运用自己特殊的"直觉"去找到适合自己的赚钱"幸运符"。所以本书从生物的原始驱动,到人与物的自然关联;从关注"非有"的东西,到跳出宇宙的困境,力求为读者解读出一种真正的"无痕"大道,纵然海沸波翻也能心境平静,身在此"山"中,不被"雾"所迷,从而使自己成为所处时空的**大赢家**!

火 越

2023年6月8日

目录

01 回归自然，探寻财富之源

人类 自然的原始驱动 / 003

万法自然，人皆如是 / 003
天"圆"地"方"：孕育出"二八法则" / 014
"五"的奥秘：破译黄金分割率 / 018
"凹形"可能是"顶部"的先兆 / 026
生物的博弈 1 / 030

心力 拽动着感受的钟摆 / 042

心态，平衡与失衡的循环往复 / 042
多与少的偶然与必然 / 052
心力，拽动着感受的钟摆 / 056

宇宙 中的困境法则 / 063

困境法则一：付出与回报成反比 / 063
困境法则二：面临两种选择时可能选错 / 068
困境法则三：坏的预期往往成为现实 / 072
困境法则四：聪明与愚蠢往往同等 / 076
困境法则五：失败的痛苦远超成功带来的幸福 / 079
困境法则六：能力与机会难以同现 / 082

02 财富背后，笼罩着人性的影子

财富与金钱 / 087
金钱不是财富的唯一 / 087
金钱：扭曲的财富 / 089
财富的定律 / 092

财富背后的人性 / 097
欲望是动物的本性 / 让我们钻进了套子 / 097
贪婪是人类的天性 / 让我们爬上了格子 / 102
习惯是人类的秉性 / 让我们罩上了影子 / 106
恐惧是生灵的共性 / 让我们拴上了绳子 / 110
信仰是人类的灵性 / 让我们打开了窗子 / 114

命是牌，运是棋 / 117
生物的博弈 2 / 117
幸运：命与运的最佳组合 / 122
遇见，触摸不到的时空 / 131

03 看到的『真相』也许大多是假象

不关注"非有",只能是心魔的俘虏 / 139

贪婪和恐惧,是自己的"天敌" / 139
"眼见为实"可能是陷阱 / 144
"非有"才是"妙有" / 148

你不知道的,始终支配着你所知道的 / 153

线性的东西不足以判断非线性的市场 / 153
不要做自己"成见"的囚徒 / 159
这个世界的不可知,始终支配着"可知" / 162

疯狂就是"没落"的前兆 / 166

致命的习惯和逻辑 / 166
天下没有免费的"午餐" / 173
疯狂,就是"没落"的前兆 / 176

04 摸清『对手』的底牌

商机 信息不对称的博弈 / 183

突破感知信息的迷雾 / 183
准确信息一旦被多数人拥有，可能是"最可怕"的信息 / 188
赢家，善于制造不对称的博弈 / 191

庄家 就是"卖辣椒"的老妇 / 195

股票本无好坏 / 195
股价是散户与主力对峙的结果 / 198
像"卖辣椒"一样卖股票 / 202

赚钱 不能迷信专家、规律和常理 / 206

如果你不知"傻子"是谁，那肯定是你 / 206
赢家，就是多想半步的人 / 210
投资只有输家和赢家，没有专家 / 213

05 金钱面前就得信"邪"

真理和谬误，都在少数人手里 / 221
多数人的选择可能是"错的" / 221
不要忘记，你是"弱势"群体 / 225
多数人的谬误，是少数人赚钱的真理 / 228

思维的颠倒，比操作的颠倒更可怕 / 235
和市场赌气，只有一败涂地 / 235
成功的投资各有不同，不幸的交易如出一辙 / 238
成就赢家的，是对手的颠倒操作 / 241

金钱面前就得信"邪" / 245
把钱仅看成是"符号" / 245
对手"最怕"你不看他 / 247
赌徒的谬误 / 249

06 聆听直觉的声音

掀开 财富的面纱 / 257
寻找抹不掉的"脚印" / 257
财富在市场面前很少讲话 / 261
时间会诉说一切真相 / 264

赚大 钱的人总能悄然远离市场 / 269
投资的天才，在于持久的忍耐 / 269
经商赚钱，不可遍历所有风景 / 274
远离市场，才可能成为市场的高手 / 278

财富 给直觉对的人 / 282
顺势如"天" / 282
与财富形神合一 / 287
聆听直觉的声音 / 295

后记 /305

人类自然的原始驱动

心力拽动着感受的钟摆

宇宙中的困境法则

01 回归自然，探寻财富之源

人类自然的原始驱动

万法自然，人皆如是

牛顿是位颇具深沉宇宙宗教感的自然哲学家，他曾讲过："宇宙美妙的机制与和谐只有按照一个全知、全能的存在的计划才能得以实现。这正是我现在的认识，也是我的最后和最高的认识。"

科学越进步，人们对宇宙敬畏之心也应越强。这种敬畏不仅是科学的极致，也是人类寻求生命文化的最高境界。

这个世界存在"有其理无其事"的现象，是因为我们的经验不够，科学的实验还没有出现；存在"有其事不知其理"的现象，是因为我们的智慧不够。有这样一件事，必有它背后之道理，**因为这个世界，一切事件的发生都是自然的必然。**

意大利天文学家伽利略曾讲："谁要是想读懂一本书，他就必须懂得书中的语言。而大自然便是这样一本书——它用三角形、圆和平方这些符号写成。"他认为数支配着宇宙，而宇宙之数又是万物之源。

中国儒家六经之首《周易》是一部揭示宇宙反复变化的经典。用有限的已知怎么能探究出未知的真知？已知的物质在宇宙占比极少，其余百分之九十以上的物质（我们称为暗物质或暗能量）存在形式，我们有限的感知根本不会知道，除非有超能力或穿越时空的方式。中国汉代的科学家就根据一年中太阳从夏至到冬至在地球上所形成的阴影，总结自然发展规律。

人类所探知的自然规律实际与人类生存过程完全成影成像：自然界的寒暑交迭，人生的喜忧变换；宇宙天地的阴阳交替，人类生活的百态变化。生命的出生为阳、结束为阴，成长为阳、衰老为阴；主动为阳、被动为阴；获得为阳、付出为阴；满足为阳、失望为阴；获利为阳、损失为阴等。阴阳交替、升落循环，阴阳相生、互为因果，没有只进不花的金钱，也没有只获利不亏钱的投资。孤阳不长，赚钱之中必有一些损失，没有只赚不赔的生意；独阴不生，亏钱之中必有一些获得。有投入就可能有回报，有回报的必然有投入。阳必生阴，获利太多必有回吐；阴必生阳，不景气太过必有赚钱机会。只要是市场就会彼此交替。

投资赚钱，就像生命一样，必须一张一弛、一呼一吸才能存续下去。市场机会即价格波动到某个点位就会反转，否则就无法向前延伸。而且大波动之后必然是小波动，小波动之后必然是大波动，相互交替循环。正如人生一世，也只有阴阳相应、刚柔相济、居中得正、谦虚包容才可成就大事。可见，财富的获得与积累，不仅浓缩了东方哲学思想的精华，而且变化现象又完全源于自然。

大自然中许多动物为什么在白雪皑皑、万物萧条的冬季选择冬眠？也许有人认为这是一种大自然的规律，但正是这种冬眠的生存方式，使这些动物度过严寒。冬天过后就是春天，只有熬过冬天的那些生存者才能享受到新一轮万物的繁荣周期。正如一年有春夏秋冬四个季节一样，万物一定具有自然的荣枯循环，在市场经济发展与自身财富获得中无不如此相似。

如在股市中著名的艾略特波浪理论，就是受到自然中的潮汐现象启示得出的。马克思主义哲学思想认为，任何事物的变化发展都是螺旋式上升的。而社会商业变化及其趋势也是这样，若我们把任何一个跟随社会发展中的基础资产走势平面图变为立体图，就是一个标准的螺旋形。但由于市场量能、旺衰强度、交易者心力等不同，每一个走势的形状大小、级别、周期也会不同。

人如果合于自然之道，合于宇宙规律，就可以是自然，就可以是宇宙，就可以进入大境界。**因此，当你进入社会大市场岂能违背自然天成的规律？**

天地人相互感应、作用，制约着宇宙万物的运动与发展。因此，预测人世间、天地间的一事一物，就需要研究天体运行、日月变化对它们的影响，我们应看到生命的运动之中无形的力量：那就是自然周期之力。

我们来说一下生物节律周期与人体变化。古人认为，人体与自然界一样，也有昼夜节律。周天有二十八宿，每个星宿之间的距离是三十六分。人气一昼夜运行五十周，合一千零八分。太阳日行二十八宿，分布在人体上下、左右、前后的经脉，共二十八条，周身经脉之长十六丈二尺，也对应天上的二十八宿。人体气血运行与十二经络、昼夜十二时辰也有对应关系。气血的运行次序有条不紊,每个时辰流注到对应的经络。一个时辰流注一经,十二个时辰则流注十二经络一周。翌日又开始循环流注。如此周而复始,循环无穷。这就是著名的"子午流注",被誉为"中国式的生物钟"。

中医的子午流注十二时辰养生法是一套完整的养生体系,是人与自然和谐相处的根本。

地球围绕太阳旋转的过程中就有了时间结构,而运转中又无时不在变换相应的方位,这样又有了空间结构。于是每年有春、夏、长夏、秋、冬时间季节概念和东、南、中、西、北空间方位概念的周而复始、不断交替,太阳光在地球不同地带依次照射,从而就有了东、南、中、西、北五方经典的温度差异,加上相应出现的春、夏、长夏、秋、冬五季的往复循环,于是就形成了气象温差之别的时空对应五方五季,这样东方生风、南方生热、西方生燥、北方生寒、中央生湿之理就自然形成了。而且地球与太阳相对位置变化循环往来,四季更替、寒暑相禅、始终成岁、恒久不变。

为研究太阳在地上的投影规律,探索太阳运动规律对生物生长的影响,古人制造了原始的立杆测日影仪:晷仪,其中心部位留有圆孔,以备立杆用(杆分圭和表:直立的杆叫表,用来测日影,平放的尺叫圭,用来量影长)。中心立定表,圆周立游表逐日流动。定表和

游表在南北方向上。每日午时测影，日影皆投向表的北方。以冬至日所测日影长度为圆盘半径。夏至太阳由北回归线往南回归线移时，用游表测日影，并在日影尽头做记号，这时游表在定表南边，圆盘按逆时针方向转动，日转一孔，直到冬至日太阳南移到南回归线为止（整个过程是每天正午时，太阳在天上的高度由最高点向最低点移动，逐日南移）。游表在圆盘上的日影逐日增长，到冬至日时日影最长，由游表点达定表点。这样圆盘上留下了太阳从夏至到秋分再到冬至的运动投影。

然后将圆盘和游表转180°，将游表转到定表的北边（目的可能是说明太阳的运动轨迹在天空上开始了相反的过程，正午时的太阳在天上的高度由最低点向最高点移动）。太阳由南回归线往北移动，这时用盘中心的定表测影，圆盘仍按逆时针旋转，日转一孔，直到夏至太阳北移到北回归线为止。日影逐日缩短，到夏至则无影。这样就在圆盘上留下了太阳从冬至到春分再到夏至的运动投影图。将四季投影图合起来看，就是一幅完美的实测太极图。

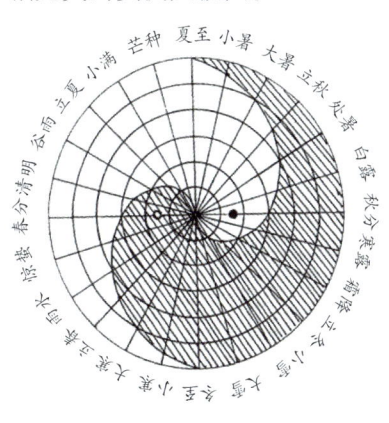

原始实测太极图

太极图虽然是平面图，但实质是古人立杆测影的产物，由此所得的太阳视运动立体投影图，是空间时间构成的一幅图。据立杆测影说，将太极图复原为立体投影图，可对太极图做出科学的解释。古人注意到，冷暖、季节变化与太阳的运动有关，从太阳在地上的投影规律，研究探索太阳的视运动规律对生物的影响关系。

这一太极图，源于自然，故称其为"天地自然太极图"或"古太极图"。以上叙述说明，中国古代不但有科学，而且是系统化的科学。

前文提及地球围绕太阳旋转的过程中有了时间结构，运转中时刻变换方位形成了空间结构，所以自然之力追根溯源受两大因素的影响——时间和空间。人类的活动同样受这两个因素的影响。

人类时刻受到时间（过去和未来）、空间（地理和方位）的影响，这些因素循环往复、交织交替。最具有代表性的就是日月更替。白天过去是晚上，更漏耗尽迎来黎明，日日如此，亘古不变。老子的《道德经》就阐述了这个哲理："有无相生，难易相成，长短相形，高下相盈，音声相和，前后相随。"

投资更要遵循这个规律。时间、空间在不断地交替往复，体现着简单朴素的逻辑——没有什么是不变的，过去对的往往放在现在就是错的。就像《金刚经》中所说"**过去心不可得，现在心不可得，未来心不可得**""**要去体证无常法印**"，要看到事物都是刹那无常生灭变化的，它是一直在不断的流动变化之中。

1. 简单的东西最实用

为什么说简单的最实用？早在远古时代，还过着茹毛饮血的群体生活的原始人，尽管对大自然的了解还十分粗浅，但是已经对数字有了朦胧的认识。那时候原始人最关心的问题是今天有没有采集到野果或猎取到猎物，有的话就可以分而食之，没有的话就会挨饿。这其中的"有"和"无"的认识就产生了最初"数"的概念。经过长期的生产和生活经验积累，原始人对"有"的认识又渐渐地产生了"一"和"多"的区分。人们开始使用"石头计数""绳结计数""刻痕计数"等方法。简单的计数方法便于传递和记录信息。原始人发现，人类双手有十个手指，用十指计数让我们获得了"十进一"的方法。随着人类社会的发展，即便是后来有了更先进的计算工具，"十进一"的底层逻辑是不变的，因为这是最简单、最朴素的，也是最实用的。

投资中更要遵循朴素定律。如果一个事物、一件事项，让你觉得眼花缭乱，那么大概率是错的、假的、低劣的。最了不起的人和事，都简洁而优雅，朴素至极。真正的高手，都善于把复杂的问题简单化。所以简到极致，便是大智；简到极致，便是大美。正如漫画家蔡志忠先生说的："每一块木头都可以成为无价的艺术品，只要去掉多余的部分。"

2. 普通的东西最具价值

世界上最普通又最具价值的是什么？是空气。空气无处不在，但是它普通到让人已经看不见了，而呼吸"一口气"有时是多少财富也买不回来的；其次为水，人类在不喝水的情况下，如果超过了72小时就会有生命危险。所以空气和水虽然最普通，却是最具价值的。

水在自然界中是最善的，人每天喝水、用水，是学习水的品质与水的内涵展现。"上善若水。水善利万物而不争，处众人之所恶，故几于道"意思是：高尚的善行就像水一样。水，滋润万物而与世无争，地位低下而无怨无悔——所以，水之性最接近于"道"之理。

正是：

重斧击石石易碎，

钢刀劈水水难开。

常见白发齿易落，

唯有柔舌难损坏。

"天下柔弱，莫过于水。而攻坚强者，莫之能胜"意思是：天下没有比水更柔弱的了，然而攻坚却没有能胜过水的。这句话启示世人：没有绕不过去的堵截，不要一味地去"硬碰硬"，而应该随形就势，水流千里归大海；只有寓刚于柔，才能减少消耗，或汇成巨流，无坚不摧，或持之以恒，水滴石穿。

只有智者，才能透视到水在柔静中蕴藏的刚强；只有智者，才能洞察到水在谦卑中蕴藏的伟大；只有智者，才能体会到水在不争之中蕴藏的巨大力量。投资之道，更是以柔为贵，财不进"急门"、福不进"偏门"就是这个道理。

3. 自然的东西最伟大

孔子问道于老子：什么是道德？老子答：过了白天过晚上就是道；遵从自然规律就是德！又说"德之厚者，比于赤子"。而"比于赤子"就是指像初生婴孩一样纯洁、自然。

如果有人告诉你大脑是个小宇宙，宇宙是个超级大脑，你能理解吗？会相信吗？2012年11月16日，《自然》杂志在《科学报告》专栏发表了一篇研究论文，证明宇宙的成长过程和结构与大脑细胞的生成过程和结构几乎一模一样。并且《纽约时报》2006年8月14日刊登过一组照片，一张是老鼠的脑细胞，另一张是科学家模拟出来的宇宙结构。二者竟然高度相似！热力学家玻尔兹曼根据热力学定律很早就推出，宇宙中存在宇宙大脑，被称为玻尔兹曼大脑。由此，科学家推断，我们目前可探测到的宇宙可能就是某个巨型生命的大脑。

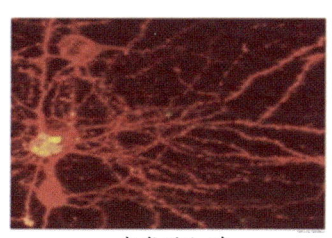

老鼠脑细胞 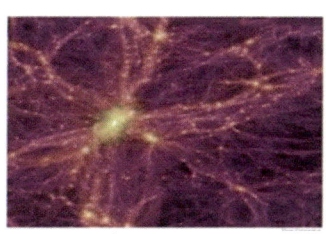　　　　　宇宙星云图

健康的身体基因要按照一年四季春生、夏长、秋实、冬眠的节奏，即幼苦、长磨、成壮、老藏的天然环境节奏。《易经》中讲的"八卦"，就是自然界中存在的八种自然现象，即天、地、雷、风、水、火、山、泽。这八种自然现象组合可以形成六十四种人与自然的不同关系，判断提示行为道理。

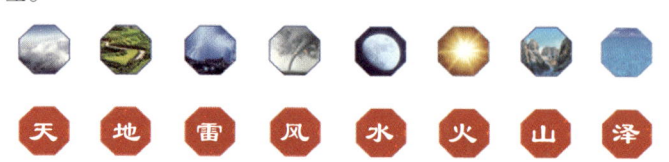

天　地　雷　风　水　火　山　泽

我们要做的，是从这八种自然现象之间的关系中倾听大自然的道理和规律。譬如，地与山的组合，称为地山谦卦。地在上，山在下，我们能看到什么？山本雄伟高大，应在上面，但却愿意在地之下面，这彰显的是低调与德行。谦和忍让，自卑尊人；利用谦虚，万事可达。"满招损，谦受益"讲的就是骄傲自满招致损害，谦逊虚心得到益处的道理。

同时，也要聆听身体的声音，才会更加健康。**肝说：不要吃太胖；胃说：不要吃太冷；肺说：不要总抽烟；胆说：不要吃太甜；胰说：不要吃太撑；肾说：不要吃太多；心说：不要吃太咸；肠说：不要久坐不起。**

我们再看看人的生长规律。人从腰部画一道线，腰部以上是往上长，腰部以下是往下长。往上长像树的枝干，往下长像植物的根茎。所以人的上半身就是遵循植物在地面以上的生长规律；腰部以下就是遵循植物在地面以下的生长规律。故而当天气冷的时候，因为能量下降，所以上部的能量少，下部的能量多，人就健康了。

除此之外人类在饮食上也要遵循和自然的统一，这样才能吃得健康：

味道上：味甜、味辛的食品，由于接受阳光照射的时间较多，所以性热，如大蒜、石榴等。而那些味苦、味酸的食品，大多偏寒，如苦瓜、苦菜、芋头、梅子、木瓜等。

颜色上：绿色植物与地面近距离接近，吸收地面湿气，故而性偏寒，如绿豆、绿色蔬菜等。颜色偏红的植物，如辣椒、胡椒、枣、石榴等，虽与地面接近生长，但果实能吸收较多的是阳光，故而性偏热。

生长环境上：水生植物偏寒，如藕、海带、紫菜等。而一些长在陆地中的食物，如花生、土豆、山药、姜等，由于长期埋在土壤中，植物耐干，所含水分较少，故而性热。

生长位置上：背阴朝北的食物吸收的湿气重，很少见到阳光，故而性偏寒，比如蘑菇、木耳等。而一些生长在高空中的食物，或东南方向的食物，比如向日葵、栗子等，由于接受光热比较充足，故而性偏热。

生长季节上：冬天生长的食物，由于寒气重，故而性偏寒。夏天生长的食物，接收的雨水较多，故而性寒。

万物因中而存、因极而变，万物总在平衡状态或者向平衡状态发展的过程中。世界上的事情，最忌讳的就是十全十美。你看那天上的月亮，一旦圆满了，马上就要亏仄；树上的果子，一旦熟透了，马上就要坠落。凡事总要稍留欠缺，才能持恒。

《道德经》有云："天之道，其犹张弓欤？高者抑之，下者举之，有余者损之，不足者与之。天之道，损有余而补不足。"意思是说，自然的规律，不是很像张弓射箭吗？弦拉高了就把它压低一些，低了就把它举高一些，拉得过满了就把它放松一些，拉得不足了就把它补充一些。自然的规律，是减少有余的、补给不足的。

天"圆"地"方"：孕育出"二八法则"

迪帕克·乔普拉是杜克大学医学中心的教授，同时也是《时代周刊》20世纪世界有影响力的100位人物之一。他在《赫芬顿邮报》的博文"你的大脑就是宇宙"中，提到了一种宇宙观——"因为是最小的，所以也是最大的"。乔普拉说，如果我们承认每一个系统都是由反馈回路、动态平衡和持续的自我组织驱动的，那么现代科学的认识就又完全回归到了这一古老的智慧。从宇宙自然再看世界，万物生存的载体或星球的形态无不是圆。太阳、月亮、八大行星不仅形体是圆，运转方式也是圆。因此圆是一种生命长期存在的不可逾越的形态。

有圆才有生命存在的可能，宇宙成圆才可周而复始，万物才会生生不息，月亮阴晴圆缺，海水潮涨潮落，太阳东起西落、晨升暮下，一年四季有序变换，人类生老病死，等等。可谓"物极则反，命曰环流""天地车轮，终则复始，极则复反"。

人们发现在宇宙万物中向内的大多是方形，向外与其他事物发生关联的往往都是圆形。人体中这种情形亦然，如人的嘴是圆的，而里边的牙齿是方形的。受传统文化影响，股市中曲线、走势全部是圆弧、波浪、扇形形态，而内部的组成又是长方、小方的K线。

中国古代钱币设计成外圆内方，可谓"**天圆无边，心量有形**"。对外必须有圆融、圆满的行为才能获取钱财；内心又必须是方，有自己的底线与方法，不可有邪念。所谓智欲圆，行欲方，即对人对事的处理必须圆满，而要求自己的行为又必须是方方正正。

做人讲究外圆内方。因为圆是一种豁达、容忍、有修养的表现，表现为能屈能伸的态度。"欲证大道，必须开圆顿解"。这里的"圆"指的就是圆融无碍，谓明见是理，心无疑虑。而方则是做人的准则，能够反映出一个人"富贵不能淫，贫贱不能移，威武不能屈"的个性和不为强者所吓倒的不屈服的心态。

一个真正聪明的人，懂得"外圆"与"内方"之间的平衡，可以在现今这个社会如鱼得水，既赢得善于交往和平易近人的好名气，又坚持原则，一往无前地追求自己的理想。

一个企业同样需要懂得方圆之道。"圆"是对外要圆融、柔和；"方"是坚持自己的底线方法，即坚守行业的法律法规。笔者所管理的公司中，始终提倡"制度管人、流程管事"。凡是违反制度、流程者，不论职务高低都必须纠正。对法律法规心存敬畏，恪守底线。提出全员坚持"五不搞"原则：不搞照顾、不搞平衡、不搞关系、不搞特殊、不搞论资排辈；坚守"五不能"底线：**繁忙不能代替程序、人情不能代替原则、默认不能代替流程、业务不能代替法律、信任不能代替制衡**。这也是在遵守"外圆"与"内方"之间的平衡之道。

"二八法则"怎么来的？"二八法则"，有人称为"20比80法则"，也叫"帕累托法则"，是意大利经济学家帕累托于1897年发表的研究成果。根据这一法则，在一家公司，通常是20%的高绩效的人完成80%的工作。比如在销售部，通常是20%的人带来80%的订单；在开会时，20%的人通常会提出80%的建议。而所有的优秀员工一致认为：高效率地完成工作的技巧是将80%的精力放在最重要的任务上。

也有人认为帕累托法则是源自会经商赚钱的犹太人"80：20法则"——世界上80%的财富被20%的人拥有。此外，空气中氮和氧的比例是80：20，人体中水与其他物质的重量之比约80：20，等等。大家虽知其然，却未必知其所以然。"二八法则"是如何产生的，推导过程是如何，其奥妙又是什么？

天"圆"地"方"，即把一个圆放入一个边长与圆的直径相同的正方形里。我们假设正方形边长为5，则正方形面积是25（5×5=25），内切圆面积约为19.625（2.5×2.5×3.14=19.625）。若把天圆即"天"落在地方即"地"上，那么圆面积与正方形面积比约为0.79（19.625÷25≈0.79），剩余面积（25-19.625）与正方形面积比约为0.21（5.375÷25≈0.21），以整数表达，便是79∶21。"二八法则"可以从天"圆"地"方"推导而来，这难道是巧合吗？

黑色正方形与阴影内切圆关系图

"二八法则"由天"圆"地"方"孕育出来的过程，完全源自天地自然。

实际上，在股市中这种"天盖地财富法则"体现得更为形象：牛市中20%的股票涨幅相当于其余80%的股票的涨幅；熊市中20%股票的跌幅相当于其余80%的股票的跌幅；炒股花费的时间只有20%是有效的，其余80%可能弱有效；买入与卖出的时间（机会）只有20%是恰当的，其余80%都是可能不恰当的；大多数股票的走势图只有20%的时候反映了股价运动趋势，其余80%的时候是不能真实反映股价运动趋势的；股票价格20%的时候反映了股票的内在价值，而80%的时候与股票内在价值相背离。

天"圆"地"方"，亦作外"圆"内"方"，是做人做事之大道。做企业做金融更是如此，守正笃实，有担当，有底线。我们在金融企业管理中，始终把握底线思维与风险管理。提出纵向经营，就要横向内控。

合规部/教练员　　　风控部/边线员　　　审计部/裁判员

由此，对行业内往往职责交叉不清的三大部门进行了准确定位：**合规部门专注于事前的规范性，如同教练员；风控部门专注于准确的预见性，如同边线员；审计部门专注于科学的导向性，如同裁判员。**

"五"的奥秘：破译黄金分割率

"五"这个数，在人类社会较普通吧！古人似乎对"五"有偏爱，"五"是个完美的数字，也是个神秘的数字。因为"五"可以说是"成物之数"。一只手伸出来有五个手指；方位上有五方，即东西南北中；五脏，即心肝脾肺肾；五官，即耳目鼻唇舌；五气，即风暑湿燥寒；五音，即宫商角徵羽。这些都与"五"有关。

"五"是天地成物之数，也是动物形体之态。人类头部加上四肢共为"五个分支"，且头上有面部的五官、胳膊上有手的五指、腿部上有脚的五指等，更是"五"的完美体现与人类伟大的生存进化。而恐龙在灭绝时，四脚加头部加上较大的后尾共为"六支"，未按"五"成形。可见大千世界"五"的奇妙、动物进化五维的规律。

万物依"五"而成形。在数学上，例如 1 到 9 这些自然数自乘 5 次，得出的数字之尾数全可复归至自乘前的状态。例如 5 个 1 相乘是 1；5 个 2 相乘是 32；5 个 3 相乘是243；5个4相乘是1024；5个5相乘是3125；5个6相乘是7776；5个7相乘是 16807；5 个 8 相乘是 32768；5 个 9 相乘是 59049。因此"五"又是一个基本的周期数。

宇宙的关联维数也在 n=5 时饱和，有生命物质的一般结构多以五组成，如"草木花皆五出"、矿物晶体的五次对称轴等，生动地反映了生命物质与非生命物质结构之间强大的关联。

比如日本的某些企业，一般的生产和经营组织往往以五人为一单位，其工作效率能达到最优。这是一个五行思维应用的典型事例。五行思维对于现代企业经营与管理具有一定意义。因此企事业单位的领导人和管理人才中熟谙此道者，必能收到事半功倍之效。

如在加工制造业中，可以将经营中的几大要素，把产值、生产、管理、产品、投资等用五行来对应，通过金、木、水、火、土的相生相克关系来表达这几大要素的相互影响、相互作用的互动关系及其运行的内在规律。假如将"投资"取象为"土",表明由资金固化为资本的基础性特征;"生产"取象为"木",是对投资的消耗,即木克土。"木"性可生,因而表明生产的自然增长。

在金融业,现金流(净现金额)很重要,如同战争时所用的"兵"。这样在资金营运方面,假如以现金硬通货取象为金、现金流(流通额)取象为水、存款余额取象为土、贷款余额取象为木、利差取象为火。木生火,故贷款余额越大,利差绝对额越高;金生水,故现金硬通货回流越多,流通额越大;土生金,故存款余额增长率越高,现金回流越多;火生土,故利差越大,企业效益越好,再生存款越高;水生木,故现金备用数额越高,占用贷款额越大。相反,现金为金、流通为水、贷款为木,如无现金流通的水,则金克木或木泻金气,反而为凶。通俗地讲,只有现金,然后发放贷款,没有回流之水,肯定现金越来越少,对业务发展不利。

大家不妨计算,原来我们把这个天地自然大数"5"解开就是黄金分割点0.618。"解开"在数学上亦称开平方,$\sqrt{5} \approx 2.236$。我们已经讨论过,世界上任何本体均是4个关系,若要看自身之外,首先应把自己除外,所以要减1,**因而将($\sqrt{5}$ −1)进行天地阴阳的2分割,即($\sqrt{5}$ −1)/2 ≈ 0.618**,如图1-1所示。

为了印证自然之神奇,黄金分割率也存在于太阳系中。太阳系的八个大行星,按照离太阳的轨道距离从近到远,依次

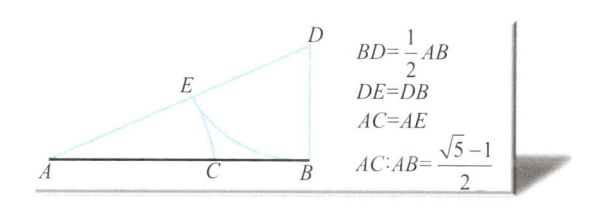

$$BD=\frac{1}{2}AB$$
$$DE=DB$$
$$AC=AE$$
$$AC:AB=\frac{\sqrt{5}-1}{2}$$

图1-1 黄金分割计算公式

为：水星（5791万千米）、金星（10820万千米）、地球（14960万千米）、火星、木星、土星、天王星、海王星。如把地球离太阳的轨道距离14960万千米视为"1"，向前看，则水星离太阳轨道的距离就是0.38，接近0.382，水星到地球近点轨道距离就是0.618；而地球的次序是第三颗，3/5=0.6，接近0.618。

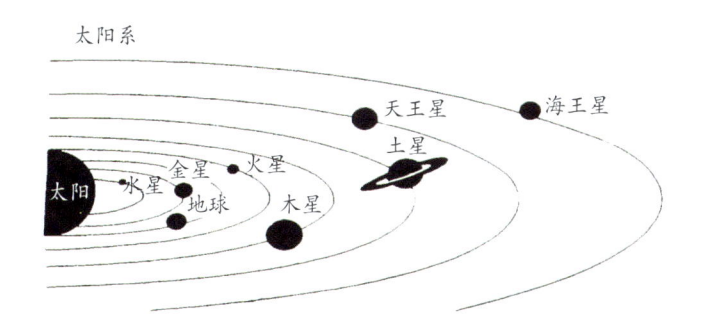

高雅的艺术殿堂里，自然也留下了黄金数的足迹，画家们发现，按0.618∶1来设计腿长与身高的比例，画出的人体身材最优美。古希腊维纳斯女神塑像及太阳神阿波罗的形象都通过故意延长双腿，使之与身高的比值为0.618，从而创造艺术美。芭蕾舞演员则在翩翩起舞时，不时地踮起脚尖。音乐家发现，二胡演奏中，"千金"分弦的比符合0.618∶1时，奏出来的音调最和谐、最悦耳。

这即是天人合一的自然之美，与自然一致就是美。

事实上，科学与美学是有联系的，科学家和艺术家都在寻找一种宇宙的和谐。譬如，在医学上，当外界环境为人体温度的0.618倍时，人会感到最舒服（人的体温约为37℃，与0.618的乘积约为22.9℃）；在人体上，存在着肚脐、咽喉、膝盖、肘关节、鼻子5个黄金分割点；在养生方面，动与静也是一个0.618的比例关系：四分动六分静是最好的养生之法；吃饭六七成饱的人更长寿；人的饮食以六分粗粮、四分精粮搭配摄入则不易患病；在建筑方面，古希腊帕特农神庙、中国兵马俑等，他们的垂直线与水平线之间基本符合1∶0.618的比例。

更为奇妙的是，1÷1.618≈0.618，而其他数字均无此特征；1-0.618＝0.382；而0.382÷0.618≈0.618（精确到0.001）。因此，黄金分割的比值是1.618（长段与短段之比）或者0.618（短段与长段之比），都是正确的。

数学家们还发现了这样一个数列：1、1、2、3、5、8、13、21、34、55、89、144……在这个数列中，从第三项开始，每一项都等于前两项之和，从第十一项89开始，每一项和后一项的比值都是0.618（精确到小数点后三位）。数学上将此称为"斐波那契数列"（Fibonacci sequence），又称"黄金分割数列"，如图1-2所示。

$$1 \div 1 = 1,$$
$$1 \div 2 = 0.5,$$
$$2 \div 3 = 0.666\cdots,$$
$$3 \div 5 = 0.6,$$
$$5 \div 8 = 0.625,$$
$$\cdots$$
$$55 \div 89 = 0.617977\cdots,$$
$$144 \div 233 = 0.618025\cdots,$$
$$\cdots$$
$$46368 \div 75025 = 0.6180339886\cdots,$$
$$\cdots$$

图1-2 黄金分割数列

以中国证券市场上证综合指数为例,"五"的奥秘也巧合其中。1992年5月1429点下跌至1996年12月(大阴线熊市结束接近5年)885点;2001年6月2245点下跌至2006年7月(阴线熊市结束整5年)1611点;2007年10月6124点跌至2012年11月1959点,熊市结束又整5年;2015年6月5178点至2020年3月又近5年时间,已到2440~2600点底部区域,如图1-3所示。

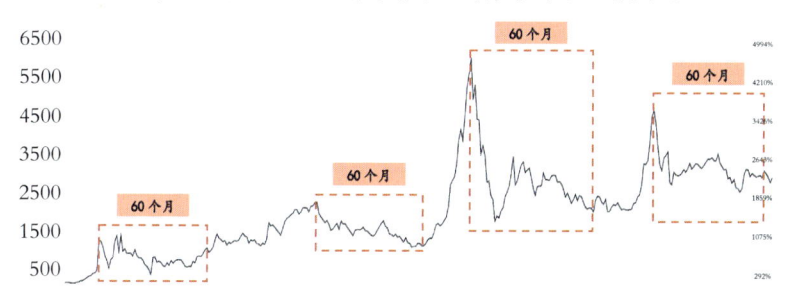

图1-3 1992—2020年上证指数月K线图

上述下跌趋势刚好均为5年的时间段,因此称它为"夜"周期,当然5年整那个时间点不一定是最低点。那么为什么又是下跌"五年"这个时间段呢？也许因为"牛市"周期为阳性不易显现且不稳定难以预测？其原因在于上升周期在K线图上为"凸"型，属"阳"，为"天"，从形状上看是发散不稳定的，所以在表象上不易显现；而下降周期在K线图上为"凹"型，属"阴"，为"地"，形状上是集合且稳定的。上述虽然在表象上容易显现，但对于指数的走势不可以臆测。

太阳为阳，我们的地球绕着太阳公转，这代表着"上升"，为"日"，即阳线看上升周期，可分析日K线，但难以研判确定；月亮为阴，月亮绕地球转动，代表着"夜晚"，为"月"，即阴线看下跌周期。因此用月K线研判下降周期，还有待考证。

这些周期虽然偶然吻合，但只是为了形象看到涨跌相对应的阴线、阳线展示，不可用之推演其综合因素导致的市场走势。

焦炭期货"月夜"周期60个月（从2011年5月2500点到2016年1月616点结束），如图1-4所示。

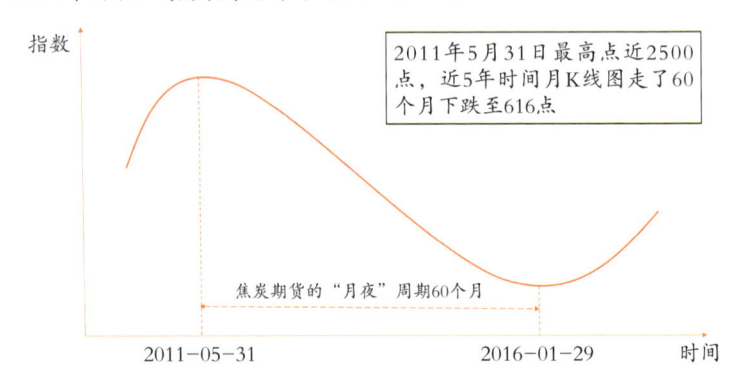

图1-4 焦炭期货"月夜"周期

螺纹钢期货的"月夜"周期60个月（从5200点到1600点结束）。2011年2月28日最高点5200点，整整5年时间月K线图走了60个月，下跌至1600点，如图1-5所示。

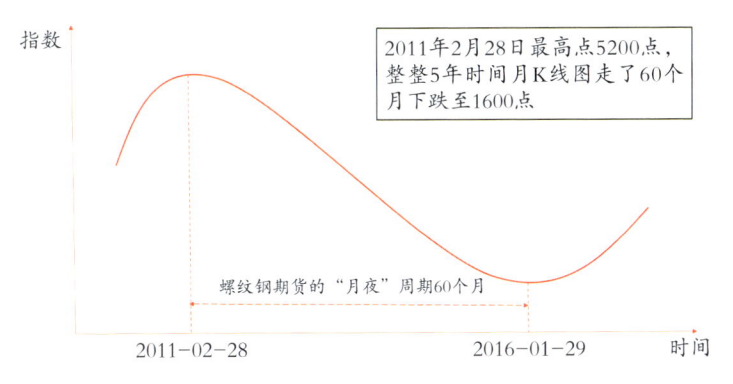

图1-5　螺纹钢期货"月夜"周期

橡胶期货2011年2月28日最高点41000点，5年时间60个月，2016年2月29日到11000点，如图1-6所示。

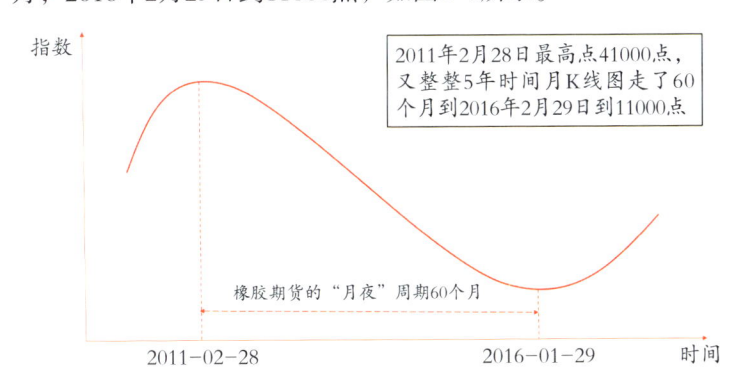

图1-6　橡胶期货"月夜"周期

所以无论股市还是期货，用月K线代表"月夜"，较为形象，其本身图形上的阴线、阳线展示，虽然与中国传统文化易学不谋而合，但不可依此推演走势，误导投资。

"凹形"可能是"顶部"的先兆

正如前面所讲，在这个宇宙自然之中，简单的东西，实际上是最实用的。做投资交易亦是如此。在风云变幻的市场经济浪潮中绝不可舍本逐末。最好的赚钱方法就是将别人的优点"集成"非常适合自己的简约而独特的"不二"方法，由此建立适合自己的"投资交易的简易实用方法"，方能游刃有余。

"大道至简"，是宇宙的普遍法则，而简单的往往也是最实用的，简朴成就伟大。

宇宙大千世界，白天过后即是晚上，世上人类有男有女，如手心手背、一正一反，这就是简单的事物组合，所以一阴一阳谓之道。而事物要生存、要延续、要久远，正如易理"道生一、一生二、二生三、三生万物"，这个"三"就是精准的行动，"三"就是天地互动，就是契合。

生活中，最了不起的人和事都是简洁而优雅的。事物的本质都极为单纯，那些乍听乍看很复杂的事物，待深入了解后就会明白，它们不过是若干简单事物的组合。

一阴一阳谓之道，我们用股票市场走势分析更为形象。"1"和"2"这么简单的两个数字，却在股市中拥有自然天成的奥秘。自然有天地、有日月，单数为"1"为阳，双数为"2"为阴。双顶即偶数，属阴，以凹型显示；单柱即单数，属阳，以凸型显示。双顶不一定是最高点，但创出新高的双顶并出现凹型更要判断是否是高点与"顶部"的先兆。从过去的走势图看大多虽然有这些特征,但如果认为这就是最高点的依据,那就本末倒置。

第一次,1993年2月10日上证综合指数创1500点整数位,并创历史新高,很快又下跌到1500点下方。6天后,2月16日又涨到了1500点,之后又下跌破1500点,再未突破新高,慢慢开始下跌,两个高点(1500点)形成凹形。高位形成双头,后下跌到1994年7月29日325点,如图1-7所示。

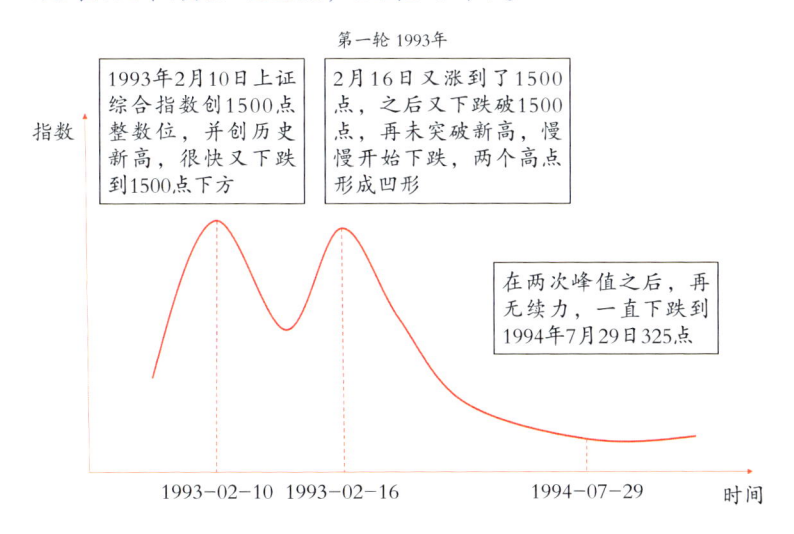

图1-7 上证指数第一轮"双顶"

第二次,1997年5月7日上证综合指数又突破新高创1500点整数位,第二天就大幅下跌。5天后,5月12日又涨达1510点,之后开始下跌,再未突破前期新高。高位出现凹形,称双头,后下跌到1999年5月17日的1000点附近,如图1-8所示。

第二轮 1997年

1997年5月7日上证综合指数又突破新高创1500点整数位,第二天就大幅下跌

5天后,5月12日涨达1510点,之后开始下跌,再未突破前期新高

在两次峰值之后,再无续力,一直下跌到1999年5月17日1000点附近

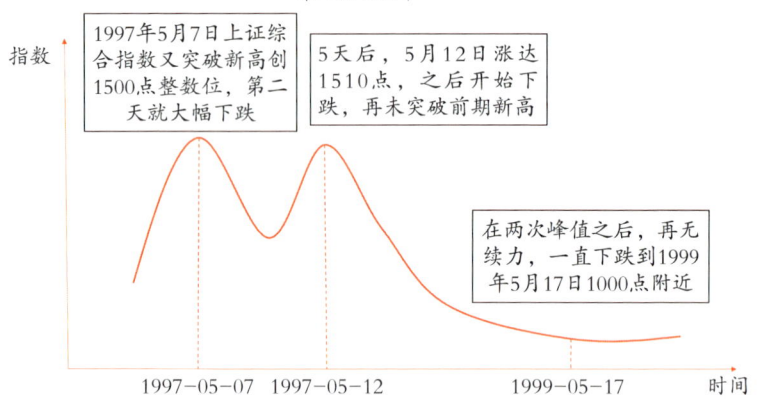

图1-8 上证指数第二轮"双顶"

第三次,2001年6月6日上证综指又创历史新高达2241点,次日开始下跌。7天后,于6月13日又涨到了2242点,翌日又开始下跌,再未突破前期高点。高位形成凹形,称双头,后下跌到2005年6月6日998点,如图1-9所示。

第三轮 2001年

2001年6月6日上证综合指数又创历史新高达2241点,翌日开始下跌

7天后,于6月13日涨到了2242点,翌日又开始下跌,再未突破前期高点

在两次峰值之后,再无续力,一直下跌到2005年6月6日998点

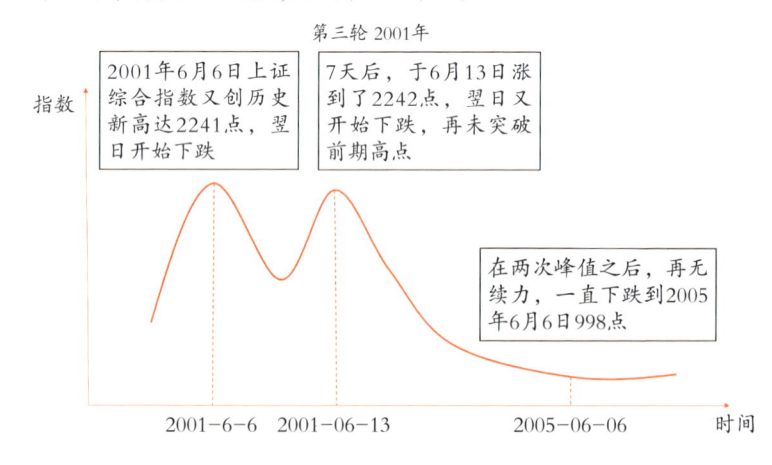

图1-9 上证指数第三轮"双顶"

第四次,2007年10月16日上证综指又创历史新高突破6000

点后，翌日就开始下跌。14天后，2007年10月30日又突破6000点，刚好6002点。翌日就不再上涨，也未再突破前期新高。这样两次6000点出现了凹形，后下跌到2008年10月28日1664点，如图1-10所示。

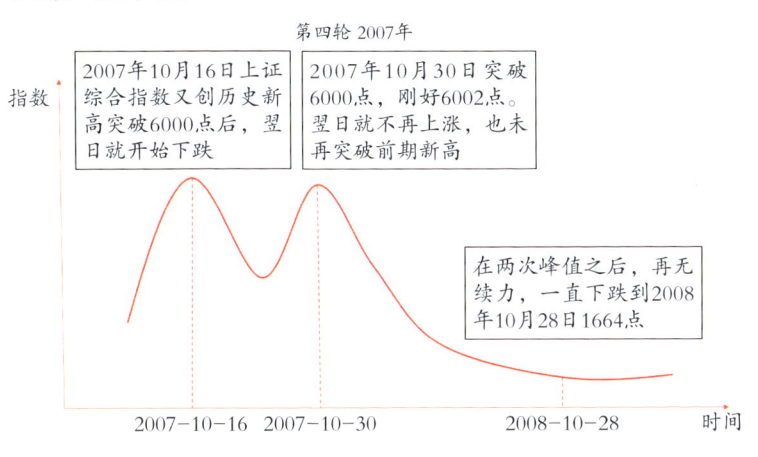

图1-10 上证指数第四轮"双顶"

第五次，2015年5月27日，上证综指最高点达4958点，接近5000点时，翌日5月28日即大跌6.5%，至4600点进行警示！于6月15日又冲上5000点，之后再未上升至5000点，即开始下跌出现了凹形，如图1-11所示。

投资亦是自然而然，遵循自然的规则。它的逻辑很简单，却需要契合的方法才能把握。遵循自然，简单为之！

因此，真正的高手，都善于把复杂的问题简单化。号称日本"经营之圣"的稻盛和夫先生说："我们往往有一种倾向，就是将事情考虑得过于复杂。在公司内部会议上有人常讲'这个问题很复杂'，做说明时又把原本复杂的问题更加复杂

第五轮 2015年

2015年5月27日，上证综合指数最高点达4958点，接近5000点

6月15日冲上5000点，之后再未上升至5000点，即开始下跌出现了凹形

5月28日即大跌6.5%，至4600点进行警示

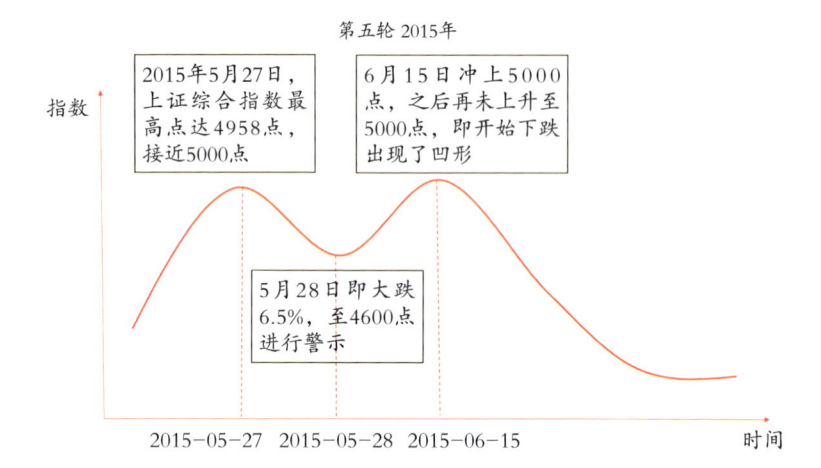

2015-05-27　2015-05-28　2015-06-15

图1-11　上证指数第五轮"双顶"

化，令人摸不着头脑。尤其是那些有学问的人，似乎都有把简单事情做复杂说明的倾向。大概是因为如果对简单的事情做简要说明，让人觉得没什么了不起，不足以体现他的高水平，所以就故意复杂化，借此炫耀自己的学问。"

可见，对复杂事情做复杂说明的人，他们自己就不理解事情的本质。而真正头脑聪明的人，恰恰是那些能把复杂的事情做简单说明的人。将简单的问题复杂化是小聪明，将复杂问题简单化才是大智慧。

事物之间有着广泛而深刻的联系，简单的规律在影响着几乎所有事物的发展。自然而然，就是充分利用这种关联和规律，更好地预测和控制未来。

生物的博弈 1

也许有人认为，财富与生物是两个风马牛不相及的话

题，但恰恰就是这样一个话题，往往会改变你如何获得金钱的行为。

我们想要获得一笔财富，大多时候是在博弈——风险与收益之间的博弈，而生物几十亿年的进化史也是这样。美国经济学家乔治·吉尔德在《财富与贫困》一书中曾精辟地概括：

> 千百万个精子中只有一个精子孕育，这个生物学上的要点，说明幸运与否是生命的首要事实。就我们生命的基础和脱氧核糖核酸来说，我们从一开始就是千百万分之一机会的幸运儿。即使一切学科中最具宿命论性质的生物学，在论述人的形成这个最深刻和最具有决定性的问题上，也认为那是一种偶然的随机现象……只有在漫长的人类冒险活动中才能看出机遇的作用。

为什么一个地方只有1只老虎、50只鹿，却有1万只老鼠和4万棵树？从植物到以植物为食的动物，再到以这些动物为食的其他动物，数量总是不断减少。我把它称为"艾伦湖法则"或"蒙特雷湾法则"。这个法则阐明，任何生命物质的数量都是受到制约的：无论是人体血液中的胆固醇分子，还是稀树草原上成群的角马。很长一段时间以来，科学家认为生物的规模控制是自下而上的：植物为初级动物提供了食物，初级动物又为高一级动物提供食物。但我们在20世纪六七十年代发现，是食肉动物自上而下地控制着生物部落的结构。食肉动物的行为影响着植物的生长。

每个人作为生命体，不但是生物中的动物，还是智力较发达的动物，具有高级的思维。这种高级生命体不仅身体有着生命科学的烙痕，而且在社会领域包括经济领域的所有行为，又与生命科学天然地联姻。当人们无法自圆其说时，常用"看不见的手"操纵着市场经济来诠释。这种生物的原始驱动不可思议地驱使人们在财富领域的行为趋于一致。

物竞天择、适者生存当然是生物竞争的特征。

而在经营投资过程中，也何尝不是强者恒强，越是往年赚钱的行业，越会有更多的人介入，甚至越来越热。当然热度异常时就要小心了。正如天气一样，气温过高时，就会造成水的蒸发速度加快，水蒸气变多了，就会在大气层慢慢凝结成小水滴，小水滴变大，直到空气无法再承载下去后，就会垂直掉落，渐渐形成雨，而天气越热，水蒸气的形成就会越快，降雨的频率就越高。因此多数人一拥而上的时候就应规避，也许暴风雨就要来临了。

地球上存在过的物种99.9%已经灭绝，灭绝的物种就是对自然不适应。市场经济的大潮中，那些被淘汰或不成功的，往往是那些不适应者——适者才能生存。

在生物界，个体体积越大的物种，往往不注重适用有效性，寿命就越短；而在市场经营中，那些重资产、周期长的项目往往投资回报长，而那些轻资产、高科技的企业往往充满活力。

由于生命科学的博弈性，因此纯机械地预测进化趋势是不科学的。英国当代自由主义思想大师卡尔·波普尔在《历史主义的贫困》中曾讲：如果不曾被预知，那个事件可能根本不会发生；若曾被预知了，往往又会成为阻止这个事件发生的因素。

如雄性袋鼬，疯狂交配的结果是很快死亡。在股市里，疯狂上涨之后，往往接下来的便是惨痛的下跌。在人类生理特征中，同一屋檐下成长的男女难以产生吸引力，本族男子往往更渴望得到外族的女人。在远古社会，男人会通过自己的力量抢夺其他部落的女子。

同理，在投资或追求财富过程中，人们往往不去关心、不去研究、不去尝试你所在地方比较熟悉的专业与事情，往往愿意争相介入不熟悉的所谓的机会。这似乎印证了一句话：熟悉的地方没有风景。是啊，人们对自己长期拥有的那片风景，已经习以为常，风景已不再称其为风景了。

回想一下你这几年碰到过的赚钱机会或投资项目，有没有你最了解最熟悉的？往往多数人会错过自己较为了解、熟悉的商机，因为自己对它"太熟悉"了，熟悉到对它的优点、缺点都"了如指掌"，对其获取财富的预判也看得"太清"了，但由于人类的"不容忍"心理，往往又只能记住它的缺陷，对其优势或者风险可控反而视而不见。即使看到其行业地位、业绩增长、管理团队良好，也会由于人性的"自我性"，对其嗤之以鼻："我还不知道这些赚钱的路子？！"

所以你发现，自己热衷的事情，绝大多数是你不了解、不熟悉甚至陌生的东西，而且大多属于"朋友"推荐、获利机会与回报非常诱人。这也就是"距离产生美"的缘故。离得越近就好像用放大镜看事物一样,再美丽的物体也是表面粗糙,但离得远一些就感觉平滑无瑕了。

德国哲学家尼采曾讲过一句警示的话:"**熟悉即习惯,而习惯了的东西正是最难认识的。**"

在人类历史中,物的崇拜往往与富贵密不可分,而代表富贵的物又是稀缺的。若人们追求的物品太多,它们的价值就大打折扣了。人类生命离不开水,它的使用价值可以与生命同值,但由于水存在的广泛性,它的价值远比不上稀缺的黄金。因此,若经营稀缺资源或垄断行业,那么其股票价格往往被高估许多。

在大自然中,对称的东西可能更美,对称更具有吸引力,如较对称的花朵,能吸引更多的蜜蜂追逐。在股市,人们也喜欢对称的股市走势,特别是当股价从高位下跌到之前的低点,形成M形或倒V字形时,大多数股民就愿意在看到出现这种类似的对称图形时买入该股票。

自然界中有这样一种现象,当一株植物单独生长时,就会十分矮小,而与众多同类植物一起生长时,则根深叶茂,生机盎然。**在市场经济中,真正的高手不是先选择某一个产品或项目,而是先寻找将来会成为市场热门的、国家鼓励的、有较大发展前景的朝阳行业,行业选对了,何愁没有好的赚钱机会。**

再如自然界,无论人类科学如何发达,根本消灭不了细菌,只能抑制,不可根除。目前,抗生素的研制速度已跟不上耐药菌的繁殖速度。现代人类作为地球上最复杂的生物,也只有几百万年的进化历程,而细菌这种简单的生物已有36亿年的历史了。

美国进化论科学家、古生物学家斯蒂芬·杰·古尔德在《自达尔文以来》一书中曾讲:"如果有生存赌博的话,把赌注押在简化上要比押在复杂化上更明智。如物种进化,因为简化之后难以无限发展,反而囤积了最大数量的简单物种,而复杂之后会更加复杂,也就相应产生了较大风险。"

因此,我们人类因为极为复杂,与细菌相比其适应性根本不是一个重量级。在股市中,真正赚钱的方法也绝不会是复杂的方法,而是适合自己的简约方法。所以,在赚钱与财富获得中主要靠的不是复杂方法技巧,而更多的是理念、思想,甚至是艺术、哲学。

有人做过这样一个试验,把小鼠的喂食减少40%,其最高寿命可增加40%,其学习能力也会大大增强。在野生动物发展史上,能够留下来的、能适者生存的往往是半饥半饱的那些物种。

在一个项目投入中,如果拿全部"身家性命"一味地投入,风险压力太大。在市场出现变化时,又无后续应对措施,其结果便是前功尽弃。那些经常留有余地,一步一个脚印,从小买卖做到大生意的人,生意将会越做越大,这也是世界富豪排行榜中普遍的成功经验之一。如搞建筑施工的后来成了房地产开发商、搞代理销售的后来成了自主开发的大公司老板,等等,不乏其例。而那些贪心很重,尝到了一点甜头就以为自己非常聪明,甚至超出承受能力又不惜血本去债台高筑，认为世界上的财富一夜之间都会纳入囊中的人，注定会输得很惨。

有个打鱼的人，他每天只打一尾鱼，那尾鱼刚好可以换他一天的食物、水和烟。然后他就躺在沙滩上晒太阳，望着蓝天白云抽烟，悠闲自在。

这时来了一个商人，对他说："老兄，我觉得你应该打更多的鱼，然后把它们卖掉，等攒够一定数量的钱后就买一艘船，再开着船到处做买卖……"

"然后呢？"那人问商人。

"然后就能赚很多很多的钱，就可以每天到海边晒太阳、听海……"

"可是我现在不正在晒太阳、听海吗？"那人回答说，"更重要的是等我做够了那些事，赚到了足够的钱，也许我已经没有时间来晒太阳、听海了……"

据研究，人类满足身体欲望后，大脑会产生某种激素，即内啡肽制造快感的自我奖励机制，这会战胜人的自制力而使人上瘾。在股市中，每个人按照自己的交易习惯，有时在炒股赚钱的行为中，不知不觉开始追求各种极为短暂的快感，这正是酿成之后长期痛苦的根源。

当代神经学家乔治·科布曾讲："快乐是一个指导我们行为的奖励系统，但是快乐必须有内在的限度。假如一个动物过于沉浸在吃的快乐中，它有可能成为下一个掠食者的猎物。快乐必须足够短暂，以使我们可以将注意力集中到下一项任务上。进化使得人不可能有永久的快乐——太多的快乐只会使我们无法专注于基本的生存。"正如极限运动，强烈刺激后会让人精神舒缓，压力得到释放，但过分沉溺其中，就会损害身体健康。

又如，在现今的互联网时代下出现的各种应用程序，通过现代技术和精密的算式，程序制造者可以在人们使用的过程中利用大数据逐渐建立起一套推荐机制，即你喜欢看哪方面的内容，系统就会推送这方面的内容。当你看完一个视频，无须自己搜索，系统会自动地推送一个类似的视频给你，用以满足你的喜好。长此以往，不仅个人会沉迷其中，我们的文化亦会充满由感官刺激和欲望组成的庸俗文化。

有一个生物学家做过一个实验，将一个电极连接在老鼠的下丘脑，并在老鼠面前摆上A、B、C三种压杆，当老鼠压A时会得到食物，压B时会得到水喝，压C时会有短暂的快感，很快就出了结果，实验老鼠均选择重复地压C杆，不顾饥渴只追求快感，结果几乎全部被饿死。

例如，在股市中，从赚钱的感受中可以发现，股价上涨获得收益给你带来的快感，往往极为短暂，远比不上套牢或盘整带来的折磨。人们炒股有时正如足球比赛一样，正因为进球非常困难，也才能吸引那么多人

为之疯狂。因为炒股有人确实赚了钱,所以才会吸引那么多人追求这种感受。

1954年,麦吉尔大学的两位神经学家詹姆斯·奥尔兹和彼得·米尔纳发现,刺激大脑伏隔核附近会释放大量神经传递素,使人非常兴奋。有趣的是,这套系统始终与"期望"有关,并会不断总结经验,生成"如果……那么……"条件模式。细胞的这种预测机制不断完善后,最后大脑能自动比较预期和结果。所以,如果我们不能把过去失败的经验整合到未来的决定中,我们就会不断犯错,炒股更是这样。

从原始社会到现代社会,人类始终怀有英雄情结,英雄情结必须是敢于冒险、敢于下注。因此在股市上,这种情结使绝大多数股民在股票下跌时果敢买入,可谓英雄救市,到头来却成了被收割的韭菜。

众所周知,世界是由物质构成的。而物质可以分解成分子和原子,继续分解还可以分成质子、中子,而质子、中子又能够分解成上夸克、下夸克……如果能够不断地解析,到最后就是心念。现在量子物理已经有所证明,物质的本质并非物质,而是念头波动。也就是说,物质也是能量,是我们的心念。人类的原始情绪有愉快、悲伤、愤怒、惊奇等,但上述情绪的交替出现皆与心念有关。进入商业社会,衡量成功的标准是输赢,因此工作赚钱、获利、投资也是一种竞技。对竞技来说,就像运动员打球,最佳运动状态是只想球,不管其他,这就是"心念"。如果"心念"放在输赢上——输了以后会怎样,赢了以后怎么样,甚至考虑别人会怎么看,怎么评价你——那就根本发挥不出真正的水平。

投资也是如此。投资不是投机，赚钱必经用心，干好任何事情最佳心态也是要心念平和，真正的强手是"**手中有事，心中不乱**"。

心念平和就不会浮躁，不会焦灼，不会被欲望占满。心念平和是一种正确的处世原则，一份自我解脱、自我肯定的信心与勇气，不会高估自己，也不会自甘堕落。

当然，人有欲望和追求是无可厚非的。然而，在欲望和追求的背后，一定要懂得知足常乐的道理。要明白，并不是所有欲望都可以被满足、所有的追求都可以实现。

让我们看看这个"炼金术"的故事：

> 村庄来了一个有特异功能的神奇老人。他点燃了一把火，并且用一根棍子在碗里不停地搅拌，竟然有金块从碗中掉出来。老人说这就是"炼金术"。村主任请求老人告诉他们秘诀。老人答应了，说："不过，在炼金的过程中，千万不可以想树上的猴子，否则就炼不出金块来。"
>
> 等老人走了以后，村主任就开始炼金。他一直告诉自己，千万别想树上的猴子，可是越不想，猴子越是不断浮现在他的脑海中。他只好交给另一个人，并一再叮咛不可想树上的猴子。就这样，全村的人都试过了，却没有一人能炼出金子。因为树上的猴子，总是不合时宜地从他们心中跑出来。

所谓的炼金术不过是个骗局。干一件事，尤其是干一件很简单的事，能做到百分之百地完全投入是相当困难的，而你也只不过做到了相对投入而已。

每个人心中都会有一些欲望的猴子，这些猴子总是在我们的心中作怪，让人无法逃脱它们的诱惑。

此外，获得财富的过程中，每一次投资失败后产生的恐惧感、发生损失的一刹那所产生的认识、形成的观念就是你打开"心智"的金钥匙。索罗斯曾说过："要学会热爱你的亏损！"不懂得如何热爱自己亏损的人、不总结失败教训的人，永远也不会悟出赚钱的奥妙。索罗斯将这一点提高到一个人应该具有的道德水平上，显然因为这是非常重要的。

恩格斯在《反杜林论中》讲："人来源于动物界这一事实已经决定人永远不能摆脱兽性，所以问题永远只能在于摆脱得多些或少些，在于兽性或人性的程度上的差异。"

许多原始的行为如食、性、睡眠、恐惧、贪婪、好胜等，人类与动物没什么两样，同为肉身，有时人类的过激行为又远远超过动物。特别是积累财富的欲望，动物由于受生理的局限影响，如食物再多时就会腐烂无用，往往会适可而止。

而人类则不同，正如英国哲学家大卫·休谟曾讲："由于货币不会腐烂，有了货币以后，人类的私欲会乐此不疲地无限膨胀，直到被欲望所毁。"在市场经济中我们如果不好好控制欲望，以及无休止的贪婪或太强的占有欲等，就很容易被无形之手吞噬。

心力拽动着感受的钟摆

心态，平衡与失衡的循环往复

任何事物的运动变化，有平衡就有失衡。力的平衡，是指衡器两端承受的重量相等，而平衡又是自然万物最基本的特性。当然，平衡与不平衡是相对的，平衡之中有不平衡，不平衡之中又有平衡；平衡之中有抗争，不平衡之中又有和谐。

世间万物无不处在动态的平衡与不平衡之中。事物都有保持和趋向自身平衡的本性，表现为物质本能地合乎规律地运动。如向日葵会自动朝阳，小燕子会自动趋暖避寒，鱼生来就会游水，鸟生来就会飞行，太阳、月亮自然循环，四季轮回，植物生、长、收、藏的光合作用，动物生、长、成、亡的自我调节，生态环境的"自净作用"，等等。

《黄帝内经》中就蕴藏着平衡的奥秘。

大家先观察一下五脏，即心、肝、脾、肺、肾的偏旁部首。除心脏之外，其他四脏均为汉字的月字旁，且肾字的月字旁在下端，而在五脏的结构中肾脏也恰好位于下方的位置。更为神奇的是，心脏红色像红太阳，而肝、脾、肺、肾均为暗红色、紫色，完全是反了太阳之光的颜色，似月光。众所周知，心脏的跳动可以促进血液运动，使血液沿着全身的经络到达其他脏器。所以，心主血管，包括主血管和主静脉，通过血液运行输送营养物质，使其他脏器得到充足的营养，维持人体正常的功能活动。也就是说心脏像太阳一样为其他脏器供给能量。我们知道"心"在五行中属火，为阳中之太阳；再看人体五脏的位置结构，会发现：**五脏正如"四个月亮"围绕"一个太阳"**。"四个月亮"为肝、脾、肺、肾，"一个太阳"为心。身体健康的奥妙就如同让四个月亮围着太阳好好运行，平衡生存。也许这就是解开《黄帝内经》的密钥！

我们的身体内部其实就是太阳系和宇宙——我们的心脏是太阳，是身体系统的中心，我们的器官则是行星。而就像各大行星依靠太阳维持平衡及和谐一样，我们身体的所有器官也都是靠我们的心脏来维持平衡及和谐。

千百年来，人们一直以为心脏只不过是输送血液的生物机器而已。但是美国南佛罗里达大学健康科学研究中心的首席科学家威斯利教授向全世界宣布：心脏可以分泌救人一命的激素，它不仅能抑制人体正常细胞的突变，而且对其他"敌对"的因素也有极好的治疗效果！威斯利通过实验发现：心脏分泌的激素能起到调节人体细胞的作用；人的情绪越高昂，心情越愉悦，人的心脏分泌的激素就越充沛。

超级好心态与超然生活，使心脏启动了自愈机制。因此，幸福，是心态决定的，是财富。而就人类的思维活动而言，绝大多数人是追求自身心灵的幸福感，而幸福感也源自平衡与否。如有的人认为自己工作、学历、努力程度不比别人差，而与自己条件相当的人得到的待遇比自己高了许多，他便心里很不平衡，甚至感到痛苦。

中医讲究平衡，这即是大自然在提醒我们人与内心也要平衡，只有平衡和谐相处方能身心健康，增长智慧。

依《黄帝内经》中的五行学说，以人体五脏为中心，五色与五脏相配，即绿红黄白黑。红主心，绿主肝，黄主脾，白主肺，黑主肾。饮食习惯中对应的食物颜色也对应了五脏的需要。红色有利于心脏，如西红柿能对心脏提供营养，它不仅颜色是红色，其形状与腔室也很像心脏；绿色有利于肝脏，如菠菜滋阴润燥、舒肝养血，茼蒿更能清肝火；黄色有利于脾胃，如小米健脾和胃，南瓜则养胃助消化；白色利于肺脏，如萝卜入肺胃二经，利小便、消积食、化痰热等；黑色利于肾脏，如黑豆属水性寒，入肾治水、利水解毒，此外黑豆在形状上也与肾脏相像。

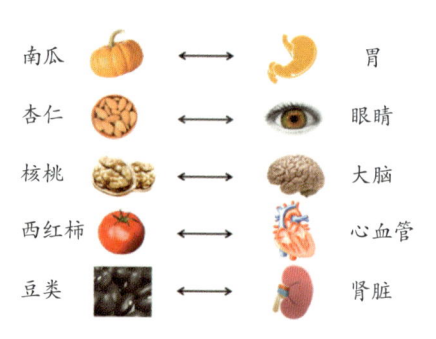

南瓜	↔	胃
杏仁	↔	眼睛
核桃	↔	大脑
西红柿	↔	心血管
豆类	↔	肾脏

所以我们可以从大自然得到如下的科学提示。

平衡最科学

地球形成之初，地表火山活动频繁，地震不断，地球也没有稳定的四季和温带寒带热带的划分，地球环境就是"无规则的疯狂变天"，稍微复杂一点的生命不可能生存。恰逢此时，月球"来了"。月球反射太阳光，使地球的生物有了作息规律；月球通过引力使地球产生潮汐，为生物进化提供了可能；月球和地球以及太阳维持相对平衡的状态，使地球倾角几乎不变，为地球分出了一年四季和寒温热带，使地球产生生命有了客观的条件。

宇宙天体、空间、生物等一切的生存都有其平衡的基本特征。至今相对平衡、稳定、有序的宇宙也有平衡法则，一切生存环境也必须遵守宇宙这种平衡法则。

人类之间要平衡，人类与自然要平衡；地区与地区要平衡，城市与农村要平衡，城市人口与农村人口要平衡，内地一切与沿海一切要平衡，其他生物与人类也要平衡。平衡才能共存共生，也才是最科学的。

在我们的饮食中，更要求均衡膳食的原则，即主副搭配，而主食当中还要粗细搭配，同时在副食当中要做到荤素搭配等。我们的眼睛像太阳，为火。那么，眼如果干涩，必须湿润方可平衡。有一种眼保健操做完会让人流泪，原因就是眼睛太干燥了，通过刺激穴位形成一种内生的湿润效果，作用极佳。这个也是五行中的水火平衡。

而我们人生亦然，不会有什么事情或方方面面都达到圆满，而那些不足就是对人生的平衡。正如人人都有"心结"——不满意的地方一样，"家家都有一本难念的经"，最可怕的是什么都圆满，没有发现任何缺憾，这样反而可怕，应格外小心了。

睡眠最治愈

人类身体各器官都有其各自的工作时间安排，日出而作，日落而息，也非常奇妙。白天晚上相互交替，而且人的身体若出现异常，首先睡眠是最具有治愈效果的。

人的一生约有1/3的时间在睡眠中度过。睡眠对恢复体力、恢复精力非常重要。休息过程就是生命健康过程中的能量储备与恢复过程。

对儿童来说睡眠时是分泌生长激素的最佳时机，睡眠还能促进大脑神经系统的发育，促进大脑健全、健康地生长发育；对于成年人来讲，睡眠还是对信息的整理、记忆的强化过程。充足的睡眠可以让我们的内分泌、心血管活动、消化功能、呼吸功能得到休整，从而增强免疫功能与抵抗能力。白天免疫功能消耗，晚上休息睡眠的时候，就是免疫功能恢复与提升的过程。即**"睡眠是天然的补药"**。

规律最养生

一方面，我们应顺季而食，一般来说，**春吃芽（地**

表）、夏吃瓜（地上）、秋吃果（地枝）、冬吃根（地下）。俗话说，动物吃啥补啥，植物像啥补啥。谚语中"冬吃萝卜夏吃姜"讲的就是"规律是最养生的"这一概念。我们都知道萝卜甘寒而生姜辛热。在冬天的时候，由于天气寒冷，热量会内拢在身体里，处于收藏状态，我们的胃因此烦热，吃凉性的食物可以清解积热；而在炎热的夏天，热量会向上向外散发，胃就容易生冷生寒，吃热性的食物便可以温胃健脾。因此，顺应规律，自然而然，才是最好的养生经验。

春吃芽（地表）（地下）
夏吃瓜（地上）（地枝）
冬吃根
秋吃果

任何事物，若在平衡状态中还没有失衡，或在失衡状态中还没有达到平衡，这只是因为时间不够或空间不够。当然，如果一个事物没有失衡状态出现，它肯定不是运动的，这样的事物根本不会存在。任何市场，都会遵循这种法则塑造自身。它既是市场的本原和归宿，又是解释市场一切行为的起因和变化的依据。

下面我们用股票市场的变化来分析。在股市中，每只股票的股价始终是不平衡的，即每个人对其的心理价格是不一样的，也就是不会所有人对股票"一致地"看好或看坏，看涨或看跌，因此才出现股价的此起彼伏、上升下跌的平衡与不平衡运动。当多数人处于获利状态时谓之失衡，同理，当多数人处于亏损状态时也谓之失衡；相反，当多数人交易成本处于大致相等时谓之平衡。事实上这种平衡也是相对区间内的，因为交易成本绝大多数是不一致的，失衡也是绝对的，所以股价准会变来变去。而从股价的低点向高点的上升，股价太高了就出现了不平衡，又会出现下跌。下跌多了，又开始回升。有时这种从平衡到失衡的过程，也会令你目瞪口呆，简直不敢去相信。

市场很少处于绝对的平衡，市场的平衡是通过从一个不平衡过渡到另一个不平衡来实现的，这就决定了"**大涨之后必有大跌，大跌之后必有大涨**"的基本规律。2006—2008年的大盘指数就是一个典型的例子。2006年年初到2007年11月的大牛市，上证指数到了6000点；之后指数发生反转，到2008年年底，上证指数又跌回2000点以下。但什么时候会涨，什么时候会跌，你感觉到的始终是不确定的，甚至是随机的。

当所有的投资者在牛市投身于股市，股价一路飙升，又会吸引更多的人投入更多的资金，一旦新的资金无法继续投入，上涨的行情就会因此停滞。在停滞过程中，股票又会被不断地以较低价格抛出，空头为了抛尽股票，卖盘不断挂出，并大于买盘，这样股票价格就会进入下跌趋势。这时候，投资者就应冷静观察，耐心等待。在牛周期来临前，判断高点的方法就是见好就收，赚钱很容易时往往是收手的最好时机。

当股市渐冷，人们的投资心态逐渐因为大盘的不断下跌而变得越来越谨慎的时候，一些优质股票的内在价值就会被严重低估，空方再想抛空的筹码也所剩无几，此时聪明的投资者或投资机构就会开始大量抄底买入。当抄底的投资者把股价从盘整区拽出，并逐级抬高时，中小投资者就会随之跟进。由此一来，股市中股票价格上涨就在所难免了。所以，股市的运动就是从失衡到平衡，再从平衡到失衡循环往复的自然运行，这就是股市轮回的规律。

因此在股市交易中必须居安思危、未雨绸缪，特别是在多头市场，无论市场情绪如何高昂、兴奋，随时要防止转势，做好做空准备。

股票市场虽是经济领域，但正如前面所讲的阴阳涨跌与自然的互通性，它属于自然科学的范畴，在运行中当然也完全反映了牛顿的"**惯性定律**"。

惯性定律，即任何事物运动发展都具有一定惯性。也就是一定时间、一定条件下保持原来的趋势和状态。趋势最重要的标志就是其方向性。在股票市场中，股价运动的趋势一般可以分为上升趋势和下降趋势。由于惯性定律在起作用，股价趋势一旦确立，必然会沿着既定方向做惯性运动。虽然很多时候价格涨跌的方向都是不确定的，但由于价格的变化具有很强的"惯性"，所以趋势一旦形成，其运动方向就会延续较长时间，这时候涨跌的方向反而又是确定的。

由于趋势是潜态有序，随机是潜态无序，这样股价运动又总是在随机与趋势之间转换，并循环往复。但在股价发展趋势中，更重要的是如何把握股价运动的速率与节奏。速率，即是指价格趋势在单位时间内涨跌的幅度,速率代表着趋势力量的强弱;节奏,是趋势从起点到终点的运行轨迹,在相同的速率下,趋势还会呈现出不同的运行节奏。

股票价格也像流水一样,总是顺着阻力最小的方向前进,因为阻力也是时大时小地变化着的,因此价格轨迹在绝大部分时间就呈现出弯弯曲曲的线路。在正常情况下,市场也不会只朝一个方向直来直去,市场运动的特征往往是曲折蜿蜒,它的轨迹又酷似一系列前赴后继的波浪,并表现出多种特征的"峰"和"谷"。例如,有时是"进二退一"的波段式上涨,有时是"一步一个台阶"式的上涨,有时是"单边飙升"式的上涨,有时又呈"单边暴跌"式的下跌。

但无论如何,绝大多数股票总是盘整和趋势交替出现,确定性占主导时出现趋势,不确定性占主导时出现盘整。但是"万事开头难",**所以运动开始与运动停止时是最消耗能量的时候。**

因此,有时候节奏的变化并不改变原有趋势的速率,这个时候只是股票价格运行区间发生变化,多空平衡状态并没有改变,原趋势仍然存在。但是当趋势的节奏变化开始改变原来股票价格运行趋势速率时,就要引起警惕了。当节奏改变速率时,也就是意味着原来多空平衡状态被打破,原股票价格趋势出现加速上涨,可能即将出现反转。因此在股票行情分析中,节奏和速率总是先于趋势发生变化。

实际上,我们发现,股价变化趋势真正出现上涨或下跌的时间,都比趋势的酝酿和休整时间要短。所谓"**台上十分钟,**

台下十年功"。当然，相应的盘整期越长，则突破之后趋势行情的级别和持续时间也越长。也就是人们所说的"**横有多长，竖有多高**"。而且盘整幅度越窄，其突破后的能量就越大。如果在盘整末期，价格突破盘整区的时候，成交量明显放大，或在盘整末期呈逐步放大态势，代表着长线主力资金在进驻，盘整一旦结束，则爆发较大级别的趋势行情的可能性也越大。

由于股票价格上升与下跌本身具有的惯性，本应该上升或下跌到应有的价值区间就会停止，但实际情况是，下跌开始前股票价格越高，则下跌力也就越强，下跌到价值区间之下的距离也越远。甚至市场本身也会经常出现恐慌与错误，如有时大多数股票价格竟然跌破了每股净资产，而这时也可能是绝佳的投资时机。

下跌有惯性，上涨也有惯性。从底部上升，其底部越深，上升幅度会越大。而且交易量大小就是反映人们对股票的兴趣大小。而成交量又好比"加速度"，放量上升过程中其速度与幅度会越来越大，因此上升途中的股票，未进入加速上升阶段时，一般未达顶部。而且人的情绪也会夸大其"加速度"：股票下跌时，人们的悲观情绪往往会过头，恐慌心理也会加深，对股价看空幅度进一步放大；而股票上升时，人们的乐观情绪又往往占了上风，从众心理、贪婪心理加深，对股价看多幅度会进一步放大。

不仅股票上涨、下跌有惯性，每个人的运气也有惯性。正像一个人打麻将，如果起牌非常好，一旦进入这种状态，会维持很长时间；反之，若起牌特别不好，这种状态也会维持很久。这就是为什么打麻将要约定"换风"来调方位的道理。

多与少的偶然与必然

财富的获取有时也是不可捉摸的。实际上你无论投资还是经商,无论合伙还是创业,最后的胜者一定是那个有正确认知能力的人。因为在这个正确认知的基础之上,去不断尝试和摸索,甚至必须经历过几次重大机会的洗礼,你才会升级、升华自己,才能顿悟。正如一群蚂蚁寻觅食物,有时有两堆食物,每只蚂蚁始终要面临选择:去上次取食的那一堆食物,还是受到其他蚂蚁影响去另一堆呢?这种情形看似简单,却使去两个地点取食的蚂蚁数量分布始终处于复杂与无序的变化之中。

因此财富的快速增长,一方面具有纯粹的偶然性,另一方面这纯粹的偶然性却成了每个人不可抗拒的必然性。

在当今社会上,我们往往以财富的多少来定义一个人是否成功。当成功者吐露心声告诉你成功的秘诀时,他们都会说自己有多么勤劳,多么辛苦,一点一滴又如何积累。实际上这些并不是他们获得财富的真正秘诀。要论辛苦、勤奋,世界上的人有多少,但富人为什么是少数?而占绝大多数的基础劳动力的勤劳与辛苦为什么没有赚到很多钱?这里面有一个核心的区别,就是认知的差别。某一天你开窍了,在能力具备的情况下,偶然抓到了某个机遇,从而一下子赚到了超常规的钱,这个就是获取财富的偶然性。有人做期货,靠着某个品种的大行情，一波行情赚到不少钱；有人买股票，买到了一两只十倍股就发达了；有人炒房，遇到房价上涨就爆赚；有人加入创业团队还拿到股份，公司上市之后，一下子财富自由了；有人参与投标又中标拿到了一个项目赚到不少钱……诸如此类的情况在各行各业都有很多案例，基本上都是抓到某一个机会超越常人而实现了财富的升级。常规工作只能解决你的生存和温饱问题，不能解决财富的跨越。大部分人一辈子几乎没有机会去思考发展问题。正如投资不是靠曲线，而是靠识别机会与精准把握机会的能力，抓住不可逆的大趋势。

而且上述看似偶然的机会背后有着最重要的必然性，取决于你所处环境、所在城市、你的圈子、每天接触的人群与信息，以及如何去识别赚钱的良机。这就需要靠你长期研究积累下来的经验和眼光，靠你等待的耐心，一旦机会出现又敢于果断抓住的勇气。

我们以中国股市为例，从A股市场近二十年的走势来看，较大幅度的调整平均不到四年就出现一次。股票的价格下跌之后一定上涨，上涨之后又要下跌，人人皆知。但是一只股票什么时候上涨，什么时候下跌，上涨多少方可下跌，下跌多少又可上涨，完全像是偶然性在作祟。

虽然股价运行特征非常复杂，看起来是绝对的偶然，但其背后又隐藏了大量的必然。股价偶然的上升与下跌，往往是由无数个必然因素所决定。涨肯定有涨的道理，跌肯定有跌的原因。比如某些机构的撤退，或者一些经济面受到的打击，这些因素虽然是偶然的，但其背后都存在着某种必然。

股票一旦上市交易，其股价有时可以由主力资金在相对区间制约，但实际上也不可能完全由其主宰。所有股票开始下跌时，大多数股票中的主力资金无力逆大势而强行拉升其价格。一只股票上涨下跌，什么时候涨与跌，光靠主力资金是不行的，必须要看整个市场的状态、经济环境变化、国家宏观导向、上市公司的基本面及散户与投资者的信心指数等，所以股票本身一旦上市也是身不由己。

股票价格的升降，是不会随你的意愿而变化的，从整个运行周期或运行区间来讲，你若进入股市，往往要面对很多无奈的事情，而你唯一能决定的东西就是账户上的资金——不要去碰它，那是没人能抢走的。相反，如果想把股票变成现金，有时却非常困难。

实际上，在股票涨跌的背后，偶然的一致也并非不能。可惜绝大多数参与者被股市的偶然性所蒙蔽，并没有参透股市的大形象，始终做不到通过中长期的趋势来判断股市涨跌的必然性。

因此，作为股民或投资者，就要学会利用其股票价格变化趋势的必然性克服股价涨跌的偶然性。

市场机构不能改变股市的必然性，却可以利用股市的偶然性去搭建下跌前的平台（顶部构造），或过度地利用偶然性形成上涨行情前的各种底部等。股市在做底的时候，总是会出人意料地下跌，让市场不敢轻易猜测底部，这时股市在市场参与者眼中就是无底的，即使底部出来了，人们仍认为不过是个小反弹而已，后市还会有更低的点位出现。结果在人们的犹豫中，股市悄然上涨了。在股市做顶的时候也是这样，严格地讲，顶部并不是一个点，而是一个区域。因为"机构"或主力资金也可能利用资金优势影响股价走势的K线图形，不只是去做日线，有时也要做月线。一轮上升行情将要结束时，顶部构造也往往要在数周以上才可以完成。

股票的涨跌不仅是偶然性与必然性的统一，有时更像牌和棋一样奇妙。我们若把股票比作偶然抓到的牌，则股价的变化又像是走出的每一步棋，这样也使股票市场呈现出缤纷多元的轨迹，幻化出难以预见的千姿百态。好股碰上向上发展的股市将一帆风顺，投资者获利容易；好股碰上向下变化的股市，投资者赚钱很难。坏股碰上向上涨升的股市，也容易获取利益；坏股碰上向下盘跌的股市，可能惨不忍睹。虽然有些股票的价格是人为拉抬的结果，但绝大多数股票的走势特征是在主力与散户或资金与市场的博弈中形成的。

相对而言，股票作为牌，本身是静态的，不管股价如何变化，它仍是那只股票，仍代表那家上市公司；作为股价的棋，却始终是运动的，只要多方、空方有分歧，就会产生交易，它就会始终不停地变化。股票是牌是第一性，股价是棋是第二性，先有牌然后才能走棋，但有时当市场发生低价股与高价股之间轮动、板块热点切换、壳资源转让时，股票与股价的结合又会出现颠倒，出现股价寻找股票、股价改变其股票的现象，股价高低有时又会决定整个股票的"命运"。如在壳资源转让重组并购中，若某只股票股价跌幅较大，重组方或收购方投入资金成本就小，收购难度就小，一旦重组成功，"乌鸡"又会变成"凤凰";板块轮动的切换中,当高价股炒作很热,抬高股价本身又使低价股上升空间打开,从而预期价格上升的市场资金又会追逐低价股进行抢购,从而导致了低价股的股价被拉升。

在股票涨跌的背后,无论如何,它变换的唯一动力,就是赚钱。

心力,拽动着感受的钟摆

人的心理不外乎向外与向内两种力量。自己觉得有利,就引之使近;自己觉得有害,就推之使远。种种不同的变化反映在财富需求上,就是依照力学的常规,在狂喜的时候,力线会向外发展;在恐惧的时候,力线又会向内收拢。

正如前边所讲,由于每个人的心力不一、心向不齐,才形成了这个市场,而且是由众多对立的因素组合的市场。所以说现代的庄家,已不再是一个有形的实体,而已演变为一股无形力量的总和,是众多"掘金者"心力的总和,是一种市场心理力量角逐之后的总和。在一个投资过程中,个体的思维很容易为群体非理性思维所惑。但由于人性弱点的传导性,它又是个体非理性思维的集合,给人无所不在、无所不能的感觉。

所以,人们常说,有"庄家"或称"无形的手"决定着市场。市场有你我,你我亦是市场,因此,"庄家"也是你我,这样战胜市场的真谛不是如何战胜"庄家",而是如何积聚心力,战胜自我。

在市场经济社会中，一些概念是对称的：心态上的贪婪与恐惧、形态上的趋势与盘整、大众反应上的敏感与迟钝、商品交易中的一买一卖等。当你找到一种交易方式，那么必然又存在另一种与之相反的，也许是正确的交易方式。或者说，任何方式在不同的历史时段内，都会有"赚钱"或"亏损"的时候。因此从市场整体上讲，也是在两个单向的极端间摆来摆去，像钟摆一样，互为消长，一张一弛，循环无端。所以商品价格波动，用钟摆运动理论形容更为恰当。

一个钟摆，一会儿向左，一会儿向右，周而复始，来回摆动。钟摆总是围绕着一个中心值在一定范围内做有规律的摆动，所以被冠名为钟摆理论。任何可投资的市场也就像是一个大钟摆，摆到高位时，套住一批人；摆到低位时，割掉一批人。但无论怎样摆动，都不会偏离中庸之道太远。

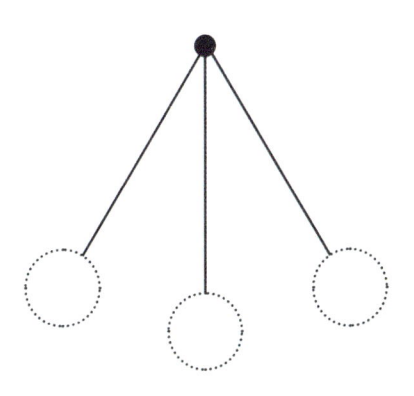

市场中商品价格的波动与钟摆的运动轨迹相似，价格涨上来又跌下去，总是在不同的价位上下来回波动。而正是钟摆的均匀波动，为机械钟指针的计量走时提供了助力。

市场上无形的钟摆效应有时也看不出来，或者看起来不像是钟摆式的，但你往后看或换个角度就能发现钟摆的存在了，而且是均挂在一个点上。钟摆式一定有中轴，因此我们也要学会找一个时期内的中轴。你投资买入一种产品或投资一个项目主要有两个因素，一个是买什么商品，一个是在什么价位买入或在什么价位卖出，也就是投入成本与市场价格之间的关联。而这种关联从表面看，商品价格是围绕商品价值来回摆动，好比证券市场股票的内在价值（每股收益、净资产、市盈率或市净率等）一样也是摆动的"吊"，而股价是左右摇晃的"摆"。但是由于市场买卖双方博弈的"价格观"不一致，有人认为现在的股价再上涨一倍也有人愿意买，而有人认为现在的股价再下跌一半，也有人愿意卖，因此这种"摆"有时毫无规律、毫无定数。而且这个"摆"在心力的贪婪或恐惧作用下，有时会超过"吊"的高度，甚至会脱离"吊"，超乎想象，有时由于下跌的惯性运动力会突然绷断使其滑入深渊。但是股市不可能永远上涨，也不可能永远下跌，这是个推不翻的铁律。但什么时候会上涨结束，什么时候会下跌结束，那就要看整个市场心力的作用。因此，投资者应该去研究它，寻找"摆"的规律、"摆"的幅度、"摆"的时间以至方向、力量、大小。

假如股票运行完全是钟摆式的均匀性运动，这个投资的钟摆范围是1到9，应该在3和7之间或2和8之间摇曳，如果平衡点是5，4和6是理性投资者，那么3和7或2和8就是非理性投资者。

市场的看多与看空力量，经常会阶段性地呈现"理性的平衡"心态与"非理性的平衡"心态。平衡状态是一种持续而稳定的运动状态，而非平衡状态则是一个短促而突发性的运动状态。正由于有运动，才能产生价格空间。我们通常将市场的非平衡状态称为"转势点"，也就是"吊"的高低不同而已。非平衡状态意味原趋势速度的改变，以一种新的节奏展开趋势运行。

当这种平衡被打破之后，即价格由水平横盘延伸的无趋势状态转向趋势状态。当然，这里价格顺着突破的方向延伸是确定的，但能够延伸多少又是不确定的。这一规律说明，价格"突破"与"拐点"是极好的交易机会，在向上突破的第一时间进场必然会有盈利，只是盈利多少的问题，但最困难的是什么时候离场。由于不同买入方与卖出方不断成交、换手，最终在市场中形成一个无形合力，产生出不同时期、不同大小、不同方向、不同高低的"吊"，然后每个"吊"下的"摆"从无序到有序，又从有序到无序不断地循环往复，以致无穷。

在涨势中，多头能量通过赚钱效应，又不断得以加强与巩固，从而形成强者恒强的态势；但随着多头阵营的扩大，潜在的做多力量也会越来越小。当能够被调动的做多力量已经被全部调动，空头近乎消亡之时，就会出现"物极必反"的效应，这也是自然界事物发展所必须经过的"自我否定"规律。也正因为这种无序与有序的交替出现，在股市才有博取差价获取利润的可能。

而且由于每个人的价值观、时间点、心理承受能力不一样，决定了那个"吊"的位置也不一样。由于市场经济中商品投机的真实存在，造成了商品价格每时每刻随着投资者心理波动之力永恒地变化，从而造成市场极易出现极端状态。而且众多投资者心力作用的传导与放大效应，往往在经济下行趋势下使一些商品价格或者投资标的估值下跌就会跌到"地狱"，在经济上行趋势中，一些商品价格上涨就会升到"天堂"。也就是人们常说的"上涨不言顶，下跌不言底"。虽然价格的波动与钟摆理论一致，但是与钟摆波动的最大区别是，商品价格波动大多时候非常复杂，而且呈现出不均匀、不规则的特征。

我们谈论的投资与财富获得过程，不可以认为它就是数学，或者是力学，或者是单纯的几何，因为从以上分析可以看出，它是信心与人气的聚散地，没有计算的公式，也没有绝对的秘诀。由于投机性行为的主导性，人们很难准确地判定市场的走向，这就是投资者做不到高抛低吸的原因。事实上，投资者往往做出错误的判断，在该离场的时候进场，而在该进场的时候却偏偏离场。从理论上讲，投资或投机只能边走边看、边看边做，看谁能灵活应变掌握"交易"。

"瑜伽"，意思是和谐。如河流之瑜伽，就是像河流那样和谐。你看那河水一直顺应河道的流向，河道弯，它就弯着流；河道直，它就直着流。它处处与环境相应，并不是只能直不能弯，也不是只能弯不能直。我们的真心就像河水一样，与一切境界相应。

我们也应该像河流那样，与一切境界相应，没有成败得失，没有爱憎取舍，心中不留痕迹。这样做事，智慧技巧应手而生，忙而不乱，多而不杂，效率很高。倘若事前期望、畏惧，背着思想包袱，做事时就不会得心应手。更有在事后或因成功而沾沾自喜，或因失败而懊丧恼怒，那早已失去了境界。

所以，在市场经济的大潮中，控制心力比运用脑力更重要！

有一些人明明能力很强，也不缺机会，可就是赚不到钱；而另一些人能力不是最强的，资源也不是最多的，最后却赚到了大钱，所以我们思考：这到底是什么原因？

实际上一个人赚钱拼到最后，拼的不光是资源跟能力，更是做"老板"的心力，那些赚到大钱的"老板"往往在"心力"上有过人之处。

有很多能力很强的创业者倒在了黎明之前，他们不缺能力，缺的是拆下肋骨当火把，纵使粉身碎骨也要爬到黎明的"心力"。因为，能力不够可以学，但没有"心力"，你连走出黑暗的勇气都没有。因此学会拒绝诱惑，集中心力在事上练，在"难"上练，哪怕已经山穷水尽也要继续坚持，因为"心力"的强大程度决定财富"钟摆"的高度、宽度与广度。

也只有那些"心力"强大的人，才能积聚到财富的能量。因为财富是内在能量投影在外面世界的一种表达。人们常说这个人很有钱因为有福报。福报来源于福德，福德是内在的根本源，厚德方能载物，德决定其财富的自由度，当我们内在心量广大的时候，也就是我们有足够的福德的时候，我们的福德呈现在外在世界的就是福报。福报的变现之一就是财富。无论你学习什么赚钱方法，运用什么方法，想赢得财富，这里有一个根本前提，就是你有足够的厚德与福报，才能有足够的内在能量。

　　而这种来自厚德的福报能量才能最终突破"引力"让财富的"钟摆"拔地而起！

宇宙中的困境法则

付出与回报成反比：

方向不对！改变方向与出发点！

面对两种选择时可能选错：

不要选，只有等待，且等待的时间等于当初传导来第一时间至现在正要选择的时间！

能力与机会难以同现：

能力强时无机会时多做一些"文化"建设！

坏的预期往往成为现实：

不要接受负能量，果断离开！

聪明与愚蠢往往同等：

不要小瞧任何人的愚蠢，之后要让你做一些愚蠢的事还回去！

失败带来的痛苦远胜过成功带来的幸福：

人生的苦乐是平衡的，成功的人生就是敬畏大自然、寻找外应，你的理想一定相信可以实现，而且愿意行动！

困境法则一：付出与回报成反比

或许大家在工作和生活中都有这样的体会：有时候往往较小的投入回报很高，而较大的投入回报反而很小，甚至是负回报。姜文在《让子弹飞》中就说：站着而不是跪着赚钱。人们都知道站着赚钱不易，都想站着就把钱赚了。结果是很多人不得不心力交瘁地赚钱。不得不承认，在当今社会中"坐着"工作的人所赚的钱，比"站着"工作的人多出不少。

整个国民经济中，生产环节远不如流通环节利润高。**靠技术"吃饭"，远不如靠艺术"赚钱"**。股票投资更是这样，每天越勤劳，所得到的反而越少，不断杀进杀出，收获往往更小。收益较好的股民，是看准时机选好股票，不会每天去关心它一时涨跌的那些人。

大家回想，你这一生赚钱最多的时候或许是你付出艰辛的代价较小的那些时候，也许是市场发生变化，也许是客观经济增长趋势等原因，推动你的项目、投资，甚至早已忘记了曾经几年前买到的股票……，让你无意赚了好多钱。

有一位房地产开发商，2002年年初开发的住宅小区销售非常难，结果自己筹资支付了开发房产的成本与支出，索性不再卖了，把房子改造成了酒店式公寓。没想到，从2003年年底开始，未来的十年时间竟然平均每年涨一倍，这让其财富暴增。而那些与他同时代的开发商，当时想尽办法把房子卖掉，赚到钱后又去开发再去销售，十年下来，经过了非常艰难的历程，付出了艰辛的努力，但赚到的钱与他相比不到十分之一。

也就是说，在股市中容易赚钱的"大牛股"，往往会被那些很少早晚费心去操劳股票、易跟准主力资金节拍的散户买到并持有，从而获得暴利。

生活中，天道酬勤，确实如此。但是在金钱与财富上，一味埋头苦干者和玩"小聪明"者，大多数赚到的是辛苦钱与蝇头小利，那些大智若愚者，赚钱的机会反而多。

因为人类认为的付出，在天道中不一定是付出，关键看心念。对事情的付出，不是刻意地用心就能掌控一切，当你决定去做某件事情并希望达到某一目标时，如果从一开始就感觉很不顺利，觉得阻力重重，做起来难度就大，投入精力也大，到头来做不成的可能性非常大。而且希望成功的心态越强烈，面对的困难就越多，如果自己没有慢慢来的心态，执意要将自己的意志强加于人，即使最终达到了自己的目标，也可能会觉得不值得那样去做，反而对实现这一目标后悔不已。

所处环境、条件已经具备成功的必要因素，顺其自然，大势所趋，事情就会完成得非常顺利。好像周围事物的变化发展，全是为了你这个目标而来，不是"好事多磨"，而是事半功倍，且结果还超乎想象的好。

笔者在企业管理上始终倡导：**管得多就是管不了，管得少就是管得好**！

如果一家公司的老板每天事无巨细，实际上非常得不偿失！当一家公司各部门已经科学有序、有效运转了，还需老板忙于琐碎事务吗？殊不知"**总经理不是常有理，董事长有时也不懂事**"！

在我们所处的社会环境与市场经济中，投资过程也就是博弈过程，许多人都有这样的经历：如你进入自己觉得晦涩难懂一些的投资领域，就是因为一些身边的朋友赚到了不少钱，你也动心了。然而"隔行如隔山"，往往成功概率较小，虽然你对市场以及项目进行了大量研究，也许这些"功课"又制造了大量看不懂而且又毫无用处的东西，却还自认为研究上了水准,很快成了行家、专家,并依此选择了方向与项目的落地。没想到过程根本不是你想象的那样顺利,此时你认为客观环境、宏观政策、市场状况都在故意与你过不去。更使你气恼的是,当你坚持不下去了而"当机立断"全都退出,结果不到一年,行业景气度开始好转,产业周期回暖迹象非常明显,你之前的退出完全错了。事后证明你遇到的这种"多磨",暗示了你根本没学懂如何去做;即便学懂了,也并不适合你的这些投入与经营,或者介入的时机也不对。但是你要知道你的优势在哪儿,大势状态又在哪个阶段,而且重要的是要找到适合你自身的方式、方案与行动,才有可能获得较好的回报。

当然了,一个障碍也许就是一个新的已知条件,只要保持积极心态,任何一个障碍都可能成为一个超越自我的契机。

有一天,素有"森林之王"之称的狮子,来到了天神面前:"我很感谢你赐给我如此雄壮威武的体格、如此强大无比的力气,让我有足够的能力统治这整片森林。"

天神听了,微笑着问:"这不是你今天来找我的目的吧?看起来你似乎为了某事而困扰呢!"

狮子轻轻吼了一声,说:"天神真是了解我啊!我今天来的确是有事相求。尽管我的能力强,但是每天鸡鸣的时候,我总是会被鸡鸣声给吓醒。神啊!祈求您,再赐给我一个力量,让我不再被鸡鸣声给吓醒吧!"

天神笑道:"你去找大象吧,它会给你一个满意的答复。"

狮子兴冲冲地跑到湖边去找大象,还没见到大象,就听到大象跺脚所发出的"砰砰"响声。

狮子加速跑向大象,却看到大象正气呼呼地直跺脚。

狮子问大象:"你干吗发这么大的脾气?"

大象拼命摇晃着大耳朵,吼着:"有只讨厌的小蚊子,总想钻进我的耳朵里,害得我都快痒死了。"

狮子离开了大象,心里暗自想着:"原来体形这么巨大的大象,还会怕那么瘦小的蚊子,那我还有什么好抱怨呢?毕竟鸡鸣也不过一天一次,而蚊子却无时无刻不在骚扰着大象。这样想来,我可比它幸运多了。"

狮子一边走,一边回头看着仍在跺脚的大象,心想:"天神要我来看看大象的情况,应该就是想告诉我,谁都会遇上麻烦事,而他并无法帮助所有人。既然如此,那我只好靠自己了!反正以后只要鸡鸣,我就当作鸡是在提醒我该起床了,如此一想,鸡鸣声对我还算是有益处呢!"

在人生的道路上,无论我们走得多么顺利,但只要稍微遇上一些不顺的事,往往又会习惯性地抱怨是"上天"亏待我们,进而祈求赐给我们更多的力量,帮助我们渡过难关。但实际上,老天是最公平的,就像它对狮子和大象一样,每个困境都有其存在的正面价值。

在这个世界上,每个人或每个家庭,每个企业或每个团体,其实所拥有的资源或财富始终会涨涨落落、起起跌跌,总是让人眼花缭乱,无所适从。但是人人要面对付出与回报成反比的困境。要想跳出这个困境建议大家:

研判一下方向是否对，可否尝试改变方向或路径。

困境法则二：面临两种选择时可能选错

经济学家茅于轼在《生活中的经济学》中讲述了一个极为有名的经济学模型。

有一个人在家中被谋杀，他的财产被盗。警方在侦讯中抓到两名犯罪嫌疑人甲和乙，在他们家中搜出了被盗的财物。但他们否认杀人，声称他们先发现屋主被杀，再进屋偷了一些东西。于是警方在将甲、乙隔离的情况下分别对他们说："因为偷东西已有确凿证据，这将被判刑1年；如果拒不坦白杀人而被另一方检举，则将被判刑30年；如果坦白杀了人将被判刑10年；如果检举他人，另一方抵赖的话，则可受奖无罪释放。"

试问在这种情况下，甲、乙二人将会做出什么选择。这就是著名的"囚犯难题"，或称"囚犯两难选择"。

他们各有两种选择：否认杀人或承认合伙杀人。最好的结局是双方都否认杀人，大家都判1年监禁的偷窃罪。但由于二人在隔离情况下不能串供，万一被对方出卖，对方可获无罪释放的宽大处理，自己则被从严判处30年徒刑。所以还不如承认杀人、被判10年徒刑的风险小，而且如果对方不承认的话还可得到无罪释放的宽大处理。

换言之，对甲而言，在乙承认杀人的条件下，自己也承认（判10年）比不承认（判30年）更合算；在乙不承认杀人的条件下，自己承认（无罪释放），也比自己不承认（判1年）更合算。所以最合理的选择是承认杀人。同样的分析也适用于乙。

因此，最后的结果必是双方都承认杀人，各被判10年。原本对双方最有利的结局（都不承认杀人，各被判1年）却不会出现。这个结果与他们是否真的杀了人无关，他们即使从未杀人，也会做出承认杀人的错误选择。

"囚犯难题"具有极深刻的含义，它解释了何以短视地以利益为目标将导致对大家都不利的结局。

我们在风险伴随的市场竞争中也会面临同样的困境，当然走出困境的方法是因时、因人而异的。

在投资或寻找赚钱的机会中，当同时出现两个你所认为的"好机会"，但又只可选择其中之一，你就会困在那里不知如何，往往大概率最终会选错，我们称为"有两种选择时必错的宇宙困局定律"。而且这个困局你很难跨过去。

例如在股票市场，假如你遇到有甲股票与乙股票的选择，你不知道选择哪只更好时，你选择了甲，其结果往往是乙的涨幅远远好于甲。但如果你当时不是选甲而是选了乙，可能甲的涨幅又远远好于乙了。因为股市交易的价格涨跌，是由成交量的变化决定的，若主动性买盘大于主动性卖盘，或卖出者量少而买入者量大，股票价格必然被推高上升。若主动性卖盘大于主动性买盘，或买入者量少而卖出者量大，股票价格必然被拉低下跌。散户持股的数量远远小于主力持有的量，当大量的散户一旦做出买入某一只股票的决定时，与散户处于博弈的对立面的主力资金只有选择让股价下跌。主力资金如果有获利筹码，它会派发给蜂拥而至的散户。主力资金如果也是正在吸筹，还会选择向下打压，从而实现"诱空"的目的，当你低位卖出筹码给它时，它才再去拉升。而没有选择的那一只股票，由于和主力资金没发生冲突，上涨概率肯定大于另一只股票。

所以，当出现两种选择的可能，而你犹豫不决时，劝你暂时放弃去等待更好的机会吧，因为你做出的选择大概率"会错"。

在人生旅途中亦然。当你遇到一件事情有两种选择纠结的时候，如找工作、谈对象、选岗位等，即使从客观上讲你选对了，也会因为人性的贪婪、好奇、占有欲决定或左右你的主观思想，让你认为自己的选择出现了错误，这样的人性缺陷当然也就注定了你会选错。

这也是间接地告诉我们，无论做人、做事还是处朋友，要学会成为长期、久远的那一类，特

别是要想获取财富，更重要的是不可抱着太着急的心态，俗语"财不进急门，富不进偏门"，急门指的是那些特别着急的表现，偏门指的是用不正当的方法。靠旁门左道获取的财富，只能成就一时，不能成就一世。财富不会去急于求成的人家里面，富贵也不会降落在爱贪图小利的人身上。无论是做人、做事，一定要尊重客观规律、脚踏实地。那些急功近利的人，一般是没有什么"财运"的。对于如今刚刚步入社会的很多年轻人来说，无论是工资待遇还是工作环境，都可能与自己想象中有所差距，这个时候心态一定要稳、工作也要积极进取。世界是公平的，每个人都会遇到很多机会，就看你能否心态平和地抓住。

巴菲特有个著名的"滚雪球"理论，他说："人生就像滚雪球，重要的是找到很湿的雪和很长的坡。"

首先，要找到很湿的雪。它是财富在滚动过程中能够吸附在身边的，并能够跟随财富增长的资金。巴菲特在投资的过程中，大量使用的就是此类的资金，如保险的浮存金，这是可以自由支配的无息资金；再如零息贷款，适合长期投资；还有长期持有伯克希尔股权的投资者，他们极低的换手率也在默默支持巴菲特。这些"湿雪"是巴菲特成功的原因之一。

其次，要有很长的坡，让雪球有足够的时间滚大变强。成长性好的企业就是这样的通道，可以让财富在经过通道的过程中不断增值。

最后，要有足够的耐心，等待雪球逐步滚大。也就是说，投资后，要有足够的时间等待最后的成功。

困境法则三：坏的预期往往成为现实

中国有句俗语："怕什么来什么。"类似的说法还有"惦记什么就来什么""你担心什么就出现什么"。在西方也有类似的话："挂念意味着真实。"不知道你小时候有没有这样的经历，当你做错了一件事情，越害怕被大人知道，他们反而知道得越快。坏的预期被印证的概率远远大于好的。

"墨菲定律"告诉我们，容易犯错误是人类与生俱来的弱点，你越怕它，它就越来欺负你。当你妄自尊大时，"墨菲定律"会给你当头一棒；当你因为无知而害怕时，"墨菲定律"也会悄悄起作用。"如果一件事情有可能向坏的方向发展，就一定会向最坏的方向发展。"即怕什么就来什么。

例如，寻找一件丢失的东西，你开始猜在甲、乙、丙、丁、戊5个地方之一，你寻找的顺序无论如何，最有可能是在最后一处找到。

假如，你买了一只股票，现在每股20元，从市场状态和上市公司经营的基本面分析，你预期它可能在一年内会上升到40元。同时你又买入了另一只股票，买完后发现不对劲，并害怕它会从现在的30元下跌到10元以下。"应该不会！"它的行业发展还不错。但结果，你预想上涨的股票根本没有上涨到40元，甚至从来没有超过28元；而害怕下跌到10元以下的那只股票，果真下跌到了8元钱。

出现这种困境与贪婪有关，由于人们在预想好的结果时，受贪婪驱使过度，就会夸大本来适度现实的目标，远远超过实际。

因此，认为它结果会有多好，往往不会达到预期。如一只股票现价10元，就其本身的价值来看，预期它上升到15元是合适的，但随着它的价值回归与股价上升，持有者受贪婪心理影响，一心认定它还会上升到30元、40元，结果在大多数散户疯狂的追逐中，主力资金已获利派发筹码，股价没有达到预期就开始下跌，并套牢了一大批股民。

再如，如果你30元买入了一只股票，并感觉追涨的时候买入好像有点儿买高了，往往就是买在了最高价。股票下跌后，你又想不会下跌到十几元吧，但最终结果还是最坏的预期成了真。因为人类的贪婪心理还有一个相对面——侥幸。

若你持有了一只股票，坐卧不安，而且非常害怕要发生某种状况，其实已经注定了它会发生，此时你一定要小心。一旦怀疑刚才的决定，一般不会有好结果。这个"怀疑"就是答案，你自己决定取舍吧！在人们的日常生活和工作中更是如此，**你一旦怀疑某件事或某个事实时，绝大多数怀疑是对的。**

有一个人在森林中漫游的时候，突然遇见了一只饥饿的老虎向他猛扑上来。

他用最大的力气和最快的速度逃开，但是老虎紧追不舍。他被老虎逼到了断崖边上，他想："与其被老虎活活咬死，还不如跳入悬崖，说不定还有一线生机。"他纵身一跳，非常幸运地卡在一棵树上。那是一棵长在断崖边的梅树,树上结满了梅子。

正在庆幸时,他听到断崖深处传来吼声,原来崖底有一只凶猛的狮子正抬头望着他。狮子的声音使他心颤,而更不妙的是,一黑一白两只老鼠,正用力地咬着梅树的树干。

他经过一阵惊慌,很快又平静了:"被老鼠咬断树干跌死,总比被狮子咬死好吧?"

于是,他索性把身边的危险置之度外,不理不问。看到梅子长得很好,就采了一些吃起来。他觉得一辈子从没吃过那么好吃的梅子。

他心想:"既然迟早都要死,不如在死前好好睡上一觉吧!"

他为自己找到一个三角形的枝丫,在树上沉沉地睡去。

一觉醒来,他发现两只老鼠不见了,老虎、狮子也不见了。

他顺着树枝,小心翼翼地攀上悬崖,终于脱离险境。

原来就在他睡熟的时候,饥饿的老虎按捺不住,跃下悬崖。老鼠听到老虎的吼声,惊慌地逃走了。跳下悬崖的老虎与崖下的狮子经过激烈打斗,双双负伤而遁。

这个故事的寓意是:从我们诞生的那一刻开始,苦难,就像饥饿的老虎,一直追赶着我们;死亡,就像一头凶猛的狮子,一直在悬崖的尽头等待;而白天和黑夜的交替,就像一黑一白两只老鼠,不停地啃噬着我们暂时栖身的生活之树。当然,总有一天我们会落入狮子的口中。

既然知道了生命中最坏的结果不过就是死亡,那我们最好的选择，就是安然地享受树上甜美的果子，安心地睡个好觉——少一些欲望，多一点赤子之心。

"墨菲定律"是一种心理效应，由爱德华·墨菲（Edward A. Murphy）提出。其极端表述是如果坏事有可能发生，不管这种可能性有多小，它总会发生，并造成最大可能的破坏。

因为"墨菲定律"的存在，往往事情发生之前就会有很多担忧，而让自己裹足不前，放弃尝试，这无形中阻碍了正确前行的步伐，让自己离成功渐行渐远；同时在事情发生之后又会过多地放大思考不佳的后果，让自己仅存的一点自信越来越少，进而影响下次的前行。因此我们要学会换角度思考，情形有多种、事情有多面，让自己换一个角度看待这个问题，而不做"盲人摸象"中的一个盲人，这样就会减少不良后果；要懂得多方面做好充分准备。事实上所有人从孩童开始都会犯这样或那样的错误，或者做出不恰当的事情，关键是如何面对这样一个不能更改的事实，我们能做的是在事前尽可能周到全面，让其所谓"不好"的结果降到最低；同时要学会积极向上具有正能量的心理暗示。比尔·盖茨曾说："善待你所厌恶的人，因为说不定哪一天你就会为这样的一个人工作。""墨菲定律"带给我们的很多负面影响都是依靠心理暗示在起作用，那么不妨"以其人之道，还治其人之身"：**完全相信这次遇到这样的"事情"，它实际上是酝酿新的吉祥事情的主要力量，也证明其他好机会马上就要到来。**

困境法则四：聪明与愚蠢往往同等

地球上的脊椎动物真正进化为人类，最早大约在500万年前。当时人类的诞生，包括智慧的产生，是为了能够生存。据说陆地上曾经出现过的最辉煌的物种是恐龙，它们生存了长达1.6亿年左右，却最终难逃灭绝的结局。人类发展至今，为了满足欲望，为之付出的代价也是惨痛的，与生命本来意义上追求的生存越来越远。

例如，人类发明的货币，确实改变了世界，也改变了生存行为，但由于金钱的存在，使人类之间不仅产生了争斗，甚至血腥的战争，而且人与人之间的交往，又会经常出现贡高我慢、自赞毁他的现象。

西方的投资银行业可谓聪明之至，曾创造了那么多"高度复杂"的衍生产品，但后来却由此导致了席卷世界的2008年金融危机，几乎摧毁了许多国家的经济体系。

说到炒股，就是炒心态，股市行情好的时候，随便抓一只股票都是黑马。不过，股票有涨有跌，如果不能以平常心来对待股市行情，在不该恐惧时恐惧、在不该贪婪时贪婪的话，其投资就只能以失败告终。

《三国演义》中有一个故事，很多人都很熟悉。

杨修曾是曹操军中的主簿，是很有名的思维敏捷的官员和敢于冒犯曹操的才子。刘备亲自打汉中，惊动了许昌，曹操也率领四十万大军迎战。曹刘两军在汉水一带对峙。曹操屯兵已久，进退两难，适逢厨师端来鸡汤。见碗底有鸡肋，有感于怀，正沉吟间，夏侯惇入帐禀请夜间号令。曹操随口说："鸡肋！鸡肋！"人们便把这个号令传了出去。行军主簿杨修即叫随行军士收拾行装，准备归程。夏侯惇大惊，请杨修至帐中细问。杨修解释说："鸡肋者，食之无肉，弃之有味。今进不能胜，退恐人笑，在此无益，来日魏王必班师矣。"夏侯惇也很信服，营中诸将纷纷打点行李。曹操知道后，怒斥杨修造谣惑众，扰乱军心，便把杨修斩了。

后人有诗叹杨修，其中有两句是："身死因才误，非关欲退兵。"这是很切中杨修性格要害的。

过于聪明、自以为是的人，常是别人猜忌的对象。因为任何有所图谋的人，都不希望从事情刚开始谋划时便被识破。一旦发现有人独具慧眼，那么为了保全自己的一切，必会千方百计地掩饰。古今中外，这样的事例不胜枚举。

所以，一些真正有智慧的人，一般采取"守拙"的方法以保护自己，那种聪明全露在外面的行为，实际上是真正的愚蠢行为。

因此做任何事情，都应学会**"有意识地无知"**，不仅可以扩展你的世界,还可以让事物变得无限美好。

在投资市场或者生活当中,都不可表现得比周围人更聪明,本来只要比别人早迈半步就有可能出人头地,却因为聪明过头了反而一事无成。正如苏轼《洗儿》所言:"人皆养子望聪明,我被聪明误一生。"

笔者曾遇到一位股民,给笔者讲述了他的亲身经历。2014年年初,经过细心观察研判后,他买入了一只非常不错的小盘科技股,但后来通过所谓人际关系打探到了一点儿"内幕消息",认为另一只股票能赚大钱,结果卖出了原来的股票,换入了这只股票。没想到过了不到两年时间,原来的那只股票一路上涨了近十几倍,而后来的那只股票,不但没有上涨,还下跌了许多。

世界上没有人会自认为自己是笨蛋。相反,很多人都觉得自己很聪明。恰恰是这种盲目的自信和乐观,自以为是的小聪明,注定了被收割的下场。经常在新闻里看到有人被骗了钱,大多是因为贪心。骗子都精通人性的弱点,你喜欢钱,就给你编一个能让你发财的陷阱。有"小聪明"的人总是急于成功,太容易挖到表层的矿藏,也因此错过了深处的富矿。

因此,在任何时候,自认为聪明的行为必须要谨慎对待,往往背后隐藏着愚蠢的结果。乔治·索罗斯曾讲:**市场是愚蠢的,你也用不着太聪明;你不用什么都懂,但你必须在某一方面懂得比别人多。**

正如大自然一样,自然形成的东西绝对有它的道理,如果人类与之对立并"暴殄天物",必将受到大自然的严厉惩罚。在市场经济与财富积累中更是这样，若与大势抗衡，处处自高自大，必将成为输家。

只有那些自以为聪明的人才会不择手段、不顾后果，才会做出荒唐的蠢事，这就是聪明反被聪明误的道理。

不要嘲笑别人的愚蠢，否则你会做出愚蠢的事还回去！

正可谓：

愚昧无知一无所知，

糊涂不知难得不知；

聪明若知有所不知，

般若无知无所不知。

困境法则五：失败的痛苦远超成功带来的幸福

生活中我们所拥有的，并不是太少，而是欲望太多；欲望太多，就使自己不满足、不知足，甚至憎恨别人所拥有的，或嫉妒别人拥有的比我们更多，以致产生忧愁、愤怒和不平衡的心理。

两只水桶一同被吊在井口上。其中一个对另一个说："你看起来似乎闷闷不乐，有什么不愉快的事吗？"

"唉！"另一个回答，"我常在想，这真是一场徒劳，好没意思。常常是这样，刚刚重新装满，随即又空了下来。"

"啊，原来是这样，"第一个水桶说，"我倒不觉得如此。我一直这样想：我们空空地来，装得满满的回去！"

即使是在同样的境遇、同样的环境中成长的人，有人觉得幸福，有人深感不幸；两人同时望向窗外，一人看到星星，一人看到污泥。这代表着两人截然不同的态度。所谓幸与不幸，其实都是人的看法而已。

为什么有些人就是没办法把事情往好的方面想呢？其实，只要你把想法稍微转换一下，人生就会海阔天空。

很多事情，你站在不同的角度，便会有不同的看法。与其愁苦自怨，倒不如换个角度，转变一下心情。积极的思想带来积极的效果，消极的思想带来消极的效果，你会选择哪一种呢？

其实，幸福感就是你期望的事情得以实现或得到额外的权益而获得的满足，而痛苦感就是期望落空或被剥夺权益的感受。有时期望实现后，幸福感反而消失；在期望实现的希望一步步增大时，幸福感反而会越来越强烈。而且损失带来的痛苦感远远大于等量收益带来的幸福感。即使得到了肉体上的刺激与心理上的短暂平衡，但欲望的无止境，会使幸福感大大降低，甚至转为痛苦感。

例如，吃饭的实质并非快乐，倘若吃饭的实质是快乐的话，无论吃多少都应该觉得快乐，然而事实不然，当我们带着强烈的食欲吃馒头时，吃一个、两个、三个感到快乐，吃到四个、五个……N个时，你会发现此时已由原来的快乐转变为痛苦了！

正可谓：

具膳餐饭，适口充肠；
饱饫烹宰，饥厌糟糠。

与幸福感不同的是，痛苦感不会转化，它会永远存在。只要你的期望不能被满足，回想起来一直会让你痛苦，极为短暂的幸福感与永恒的痛苦感形成了极大反差。

人类在各种投资过程的角逐中，获取收益或一定财富的时期往往是短暂的，而苦苦寻觅想取得胜利果实的等待时间是漫长的。

在寻找赚钱机会中，引起痛苦的直接因素就是后悔。特别是碰到了很好的获取财富的机会，却又擦肩而过时，带给你的痛苦甚至大于曾经一笔生意亏本的痛苦。

以买入中奖彩票为例，假如你已经连续数月选择了同一组号码，但从来没有中奖，此时，一个朋友向你介绍了一种方法，你就让他给你选了一个。这个例子中有两种可能出现的后悔：一种是如果你坚持旧号码，而朋友给你选出的新号码中了大奖，你会后悔；另一种是当你转换为新号码后，旧号码却中了大奖，你会后悔。哪一种后悔产生的痛苦更大呢？答案当然是后者，因为你已经为它投入了大量的时间与精力。

事实上，大多数时候任何一种投资或赚钱的行为，当你真的实施后，在绝大多数时间里不会立竿见影，很快获得可观收益，即使有一定收获也是震荡式上升。即使始终是正收益趋势，你也只会每天承受着痛苦的折磨。而真正大赚时的舒心感受，实际上也只有那么一眨眼工夫。即使挣了许多钱，我想多数人也还会为了没有尝试另外的机会，比现在的投资赚到更多的钱而痛苦。

如股民买卖股票一样，如果面对两只股票，各用一半资金买入甲股票与乙股票，一段时间后，你卖出的甲股票大涨了两倍，而乙股票没有卖出却下跌了一半。这时，这两只股票带给你的痛苦，往往是甲股票大于乙股票。实际上，乙股票只是使你市值缩水，而甲股票也并没有让你赔钱。

困境法则六：能力与机会难以同现

"我想去桂林呀我想去桂林，可是有了钱的时候我却没时间；我想去桂林呀我想去桂林，可是有时间的时候我却没有钱。"这两句歌词相信大部分人都不会陌生，而且非常符合当下人的心理：想去旅行的时候没有钱，有钱的时候却空不出时间来，这真是人生的一大憾事。

我们每个人的一生当中，想要按照自己的人生规划去实现目标，是非常困难的事情。有些能力可以靠后天的勤奋提高，有些事情的有利条件可以通过主观努力创造出来，而客观必需的机会往往不是我们能创造出来的，只能等待、寻找。而且机会不会是静止不动的，它永远是稍纵即逝。

也正是因为"谋事在人，成事在天"，才使有些人怀才不遇。这类人始终没有碰上机会，但当机会真的来临时，又为自己已失去应有的能力而后悔不已。

这种困境在我们熟悉的股市中更是如此：

股民在证券公司开通了交易账户，存入了资金，等不上一两天就急着买入股票，没有分析股市趋势，也不知道买入的股票的上市公司历史与现在的数据。结果过了一段时间发现买得有点儿早了，价格有点儿高了。

在股票正常交易资金账户操作中，我们经过统计发现，若剔除新开户股民存放的现金中没有交易的部分，则参与股票交易的普通散户持有现金与股票市值之比一般是2∶8。在熊市到来时，这一比例会达到1∶9。绝大多数股民承受着漫长的套牢痛苦，这就是散户被机构主力击败的真实写照。

实际上，由于在股市中股民发生的交易行为大多是非理性的，也正是由于非理性，才难于判断大盘指数，以及每只股票的低点与高点。而每次买入股票的时候，总认为那是低点，马上就会上涨，实际上这个底是不可能判断出来的，只能事后发现，但人类好强的天性，只会否定别人，难以否定自己，往往股价越跌越买，总认为自己的行为是正确的。殊不知任何散户，甚至是机构，根本抵不过趋势，而真正到底，买入股票赚钱的机会到来时，你的资金账户上却没有了现金，弹尽粮绝了。

在股票选择上，也常常是这样，一个板块或一种题材还没有被市场挖掘出来时，正是介入的时候，但往往这时你账户上的现金已经被市场之前已挖掘出的"题材"事先"抢走"了。即使有了这个机会，由于你账户上没有了现金，也只能错过这个绝佳时机。

事实上，在股市中最好的股票往往在你急需现金，而你账户上却一分钱也没有的时候出现；你账户上现金充足时，又往往没有很好的股票进入你的视野。

《致加西亚的信》一书的"序"指出："只有才华，没有责任心，缺乏敬业精神，我们是否真的能顺利前行？在现实世界里，到处看到的都是有才华的穷人。"怀才不遇的人苦苦等着伯乐来发现自己。你真的确定你具有你认为无法发挥的才能吗？你能把握住每一个稍纵即逝的机会吗？

一位虔诚的传教士不小心跌入了水流湍急的河里。但他并不着急，因为他相信上天一定会救他的。正好有人从岸边经过，但他想上天一定会救他的，于是没喊。当河水把他冲到河中心时，他发现前面有一根浮木，但他想上天一定会救他的，于是照样在水中扑腾，一会儿浮一会儿沉。最后他被淹死了。

传教士死后，他的灵魂愤愤不平地质问上天："我是一位如此虔诚的传教士，你为什么不救我呢？"

上天奇怪地问："我还奇怪呢？我给了你两次机会，为什么你都没有抓住？"

优秀的人不会等待机会的到来，而是寻找并抓住机会、把握机会、征服机会，让机会成为服务于他的奴仆。

今后，若机会常常出现在你前面，你完全可以把握住机会，将它变为有利的条件。而你需要做的事情只有一件：行动起来。

财富与金钱

财富背后的人性

命是牌,运是棋

02 财富背后,笼罩着人性的影子

E

财富与金钱

金钱不是财富的唯一

自从有了人类,有了人与人之间的物品交换与私欲,就有了财富的概念。传统意义及狭义上讲,财富就是看得见或摸得着的东西,与金钱有关,包括房子、车子、货币等,是对每个人有价值的东西。随着人类的追求与社会发展,财富还包含有自由、健康、心态、和睦的人脉关系等方面,以及为每个人带来有价值的各种资源。财富的范围实际非常广泛,例如,你去工厂上班,你的劳动力价值就是你的财富;做技术员,你所学到的知识和技能即是你的财富;而思想与追求应当也是我们每个人独一无二的财富。

金钱不是财富的唯一,也就是"钱不是万能的":如金钱能够买到贵重的补品,但买不到健康;金钱能够买到美味佳肴,但买不到食欲;金钱能够买到书籍,但买不到智慧。虽然钱不是万能的,但有时候没钱也万万不能。

从人类发展史来看,从古至今人们对财富始终有着特殊的渴望。在货币出现以后,这种欲望就几乎成了各种欲望的纽带。

某种意义上说，人类目前正处于一个商业社会的鼎盛时期，货币作为流通、交换工具已经融入社会的各个领域，包括个人生活的方方面面。这自然就会使金钱成为人们生存的重要工具，成为体现个人价值、满足个人几乎所有欲望的必要条件之一。一个人的一些愿望、希冀和憧憬，可以说，绝大部分都需要金钱作为实现的前提条件。如"安全与保障""爱与归属""他人的尊重""为社会与他人贡献的力量"等，都与金钱有着千丝万缕的联系。金钱并不能完全代表财富，但财富里一定是含有金钱，也就是说金钱是财富的一部分，绝不能完全抛开金钱，去大谈阔论财富。

金钱不是财富的唯一，而财富却始终意味着金钱。所以，金钱是一种财富，是我们每个人都想竭力拥有的东西。但是"君子爱财，取之有道"，如何取之有"道"？

首先，来源必须是正当的。这个"道"就是正当的谋生之道，只有通过勤劳、智慧获得的金钱，我们才能心安理得地享用，不必有任何后顾之忧；其次，要懂得合理使用。要奉行简朴的生活原则，因为欲望一旦被鼓动起来，往往就难以控制；奢侈的生活习惯一旦养成，往往就难以放弃。过分放纵自己的欲望，不仅对身心无益，更会将幸福透支；最后，对金钱不能有贪心。无论我们过度贪着什么，它都会成为伤害自己的利刃。

有这样一个故事：

某日，师父率弟子外出化缘，看见路边有一坛黄金，师父立刻对弟子说："看，毒蛇。"弟子亦应声答道："果然是毒蛇。"师徒俩的对话恰巧被附近一对农民父子听到，便怀着好奇心前来观看。一看之下，不由欣喜若狂，赶紧将黄金带回家中，以为这从天而降的幸运将改变他们的贫困生活。改变的确是发生了，但完全不是他们希冀的那样。当父子俩带着金子去市场兑换时，却被人告到了官府。原来，他们捡到的金子是窃贼从宫中盗出，在逃跑时弃于路旁的。他俩人赃俱获，有口难辩。这对乐极生悲的父子在临刑时，才领悟到"毒蛇"的真正含义。

金钱：扭曲的财富

在市场经济快速发展的当今社会，金钱不仅能够衡量人性的善恶与美丑，而且"没有钱万万不能"，致使"人为财死，鸟为食亡"愈演愈烈，从而扭曲了真正的财富。

1. 金钱扭曲富贵观

富贵和贫贱仿佛是两个世界，处于不同天地中。"贫居闹市无人问，富在深山有远亲。"人们认为只有有了财富，社会上的人才瞧得起自己。因此，大部分人都希望富贵，惧怕贫贱。

贫贱生勤俭，勤俭生富贵，富贵生骄奢，骄奢生淫佚，淫佚又生贫贱。这或许是贫贱富贵的因果关系。

富贵的标志之一就是金钱的多少。守财奴的快乐并非来自财产的使用价值，而是来自所有权。所有权带来的心理满足远远超过所有物本身提供的生理满足。

一个贪得无厌的人，给他金银，怨恨没有得到珠宝；封他侯爵，怨恨没封公爵。这种人虽然身居豪富权贵之位却等于自愿沦为乞丐。一个自知满足的人，即使吃粗食野菜也比吃山珍海味还要香甜，穿粗布棉袍也比穿狐袄貂裘还要温暖，这种人虽然身为平民，但实际比王公还要高贵。

2. 金钱扭曲价值观

金钱对世界的影响以及对人类生活产生的影响是巨大的、广泛的。然而奇妙的是，它完全又是人类自己独创的。

比如我们眼前见到的一只碗，它可以一文不值，也可以值几块钱，乃至几百元，甚至无价。因为这只碗如果是乞丐用过的，我们就会认为它一文不值而把它扔掉；若是一只摆在货柜上普通的碗，就会值几块钱；假如这只碗是二千五百年前孔夫子用过的，我们把它视为珍贵文物，那它就价值无限。从碗的自身来看，并没有什么不同，只是因为人们对它的好恶不同，才有了价值上的差异。

对于一个在沙漠中挣扎的人来说，水的价值远远大于黄金的价值。又如馒头与金子，哪种更有价值？对于温饱不成问题的人们来说，当然是金子有价值。有个故事讲，有艘船遇难了，船上有贫民，也有富翁，当他们往海里跳的时候，贫民带了馒头，而富翁带了金子。他们在水上漂流了很久，肚子都饿了，这时候，富翁想用金子和贫民交换馒头，但贫民却不答应。于是富翁只有抱着他的金子饿死,而贫民吃了馒头渡过了生死难关。请问此时馒头有价值还是金子有价值呢?这就是金钱在生命面前的无力。

现代人只懂得赚钱的重要,以为有钱就能过得快乐幸福。其实构成人生幸福的不仅是财富,还有比财富更为重要的东西,那就是心灵与身体。有财富没有健康的身体,不能享受;有财富有健康的身体,但没有健康的心灵,也不能活得快乐。一个人烦恼时,可以逃避环境,但无法逃避心灵的折磨,就像你心情不好时,不论跑到哪里你都感到烦闷一样。

当然,金钱的力量也是无可比拟的。当某人告诉你"不是钱,而是原则问题"时,十有八九是钱的问题了。

3. 金钱扭曲生活观

在金钱主宰的世界中,一切关系从本质上来说,都成为赤裸裸的金钱关系。因而金钱的影响力将渗透到人类生活的各种领域,甚至人类生活最隐私的领地,爱情、婚姻、性……但金钱也使这个世界的好多事情得以发生,把整个人类社会推向了前进。

金钱有时候也会成为负担。有一对夫妇,培养出一个对人类有较大贡献并赢得社会尊敬的儿子。记者采访这对夫妇,有什么值得效仿的经验,给予了孩子什么样的财富。这对夫妇说:"我们给他的最大财富是贫穷。"正如古语所说:"宝剑锋从磨砺出,梅花香自苦寒来。"

财富越多,越需要管理。赚得越多,工作得越辛苦。而与此同时，你的花费越多。例如为了工作而住在消费昂贵的大都市；为了节省精力而买各种需要精心保养的家用器具；雇人来做家务事；花更多的钱从事休闲活动，以补偿忙碌工作的自己。花得多，你必须更辛苦地工作。最后，你被一种昂贵的生活方式控制，而无法自己支配生活。金钱又扭曲了生活。

财富的定律

财富不只是金钱，而金钱却又扭曲了财富。所以正确掌握财富之定律显得更为重要，这样也才能有一个豁达的心态，去享受到内心的平静，以及生活所带来的喜悦感。而在心境豁达的人眼中，万物可爱，人间值得。

1."成败转化"定律

追求财富的成与败，总是紧紧交织在一起，成功与失败也是难解难分、相互转化。人世间，没有完全追求财富的成功的人生，也没有都是失败的人生。有人说"失败乃成功之母"，也有人说"成功是失败之母"。因成功而导致骄傲，又为失败种下了祸根，一方面的成功也为另一方面的失败创造了条件。"成名每在穷苦日，败事多因得意时"。

有时先得后失，如先发财后破产。有时先失后得，如越王的卧薪尝胆，后来吞并吴国。有时失就是得，如塞翁失马，不以得而喜，不以失而忧。

"塞翁失马，焉知非福"是著名的典故。小山上住了一个老翁，有一天他家里的一匹马不见了，邻居跑来安慰他，老翁反而说："我丢掉了一匹马，怎么知道不是一件好事？"邻居听了感到不可思议，怎么会有人认为马不见了是好事？自讨没趣之后就回去了。隔了几天，这匹马回来了，而且还带回一群野马，老翁发了财，邻居前来道贺。老翁说："我得到了一群野马，怎么知道不是一件坏事呢？"邻居们又很难理解了。隔了几天，老翁的儿子在驯服野马时摔了下来，断了一条腿，邻居又跑来表示遗憾，老翁说："我儿子断了一条腿，怎么知道不是好事？"邻居认为这种想法简直不可理喻。过了没多久，战争爆发，所有四肢健全的男子都被征召入伍，老翁的儿子却因为摔断腿而逃过一劫，这样父子两人还能安然地过他们的日子。

　　追求财富成功不是一劳永逸，成功时如果胜不思危、因循守旧、不思进取，不愿"自己否定自己"，就可能被别人否定。失败不是人格的宣判，不是永恒的状况，不是致命的错误，而是人生的一个阶段，可谓"天生我材必有用，千金散尽还复来"，应该坚信自己会成功，应该有一种不负人生价值的信念。胜不骄，败不馁，一个乐观的人，总应学会以豁达、洒脱、开朗的心境来面对人生。

2. "得失如一"定律

　　如果一个人太看重物质享受，就必然要付出精神上的代价。当然了，在生活中也往往是最难得到的才觉得是最好的。人的肉体需要是有限的，无非是温饱，而人的贪心却是没有尽头的。温饱是自然的需要，奢侈的欲望则是不断膨胀的外来刺激引起的。富了还可以更富，事实上也必定有人比你富，于是你永远不会满足，不得不去挣越来越多的钱。这样，赚钱便成了你的唯一的艰辛目的。

人的天性习惯于得到，而不习惯失去。呱呱坠地，我们首先得到了呼吸、得到了生命。以后，从父母那里又得到衣食、玩具、爱和抚育，从社会得到教育与培养。长大成人后，我们又得到了职业与待遇，并得到了爱情、配偶和孩子，得到金钱、财产、名誉、地位，得到事业的成功和社会的承认，如此等等。

但细想每每有得必有失，我们在得到的过程中又同时不同程度地经历了失去。但是，一般人又容易把得到看作是应该的、正常的，把失去看作是不应该的、不正常的。所以，每有失去，仍不免感到委屈。所失去的越多越大就越委屈，也越折磨自己，痛苦身心。殊不知得失如一，看你如何看待。

道理本来很简单，失去也是人生的正常现象，是命运的绝对性法则。如职业，你选择了行政，就要失去商业；如婚姻，你选择了一个她就失去了另一个她。整个人生是一个不断得而复失的过程，就其最终结果看，失去反比得到更为本质。我们迟早要失去青春、亲人等一切，就是人生最宝贵的生命，随之也要失去，得到是相对的，失去是绝对的。实际上，得而不知足，就被所得困住；得非所欲得，只能强颜欢笑。得而复失，就耿耿于怀；失而复得，便欣喜若狂。忘怀得失，何其难矣！

不满足于既得的，往往为其所累。卫玠，才貌双绝，为名所累，被人"看死"；石崇，富可敌国，为钱所累，在炫富、斗富中，把自己逼到绝境；朱元璋，从底层崛起，为权所累，非要拔掉荆棘上所有的刺，屠戮功臣，结果埋下隐患。知足者方能廓然无累。

3."虚荣自欺"定律

做一个被人关注的人物的欲望，是人性的需求。我们都希望来往的人赞赏我们，希望是世界上最重要的人物，通过追求更多财富来实现这一折磨人而又难以抑制的人类渴望，忘记了追求财富的初衷。

可以说能够满足人们这种内心渴望的人可以把每个人都操纵于股掌之中。人就是这样一种奇怪的动物，喜欢自己受到重视，让别人感到自己优越、重要，几乎所有人对此都如饥似渴，以至于人们不惜发疯般地去追求，这无非是一种自欺的虚荣心。实际上在社会上越是受到肯定，压力就越大。老子了解这一点，所以提醒大家，要安于卑辱的地位，避免和别人竞争。一旦和别人竞争，即使赢了，恐怕受到的伤害更大，于人生而言也是输了。换言之，人要懂得退让与放弃，才活得安稳。

拳头打出去前先缩回来，再次出拳会更有力；在人生的十字路口徘徊不前，如果主动放弃，前进的路会突然出现；在竞争或谈判双方僵持的态势中,如果放弃某种条件或利益,但不是示弱,实际上会为加大进攻的力度做更好的铺垫。

正是:

手把青秧插满田,
低头便见水中天;
身心清净方为道,
退步原来是向前。

财富背后的人性

欲望是动物的本性/让我们钻进了套子

渴望尚未得到的就是欲望。因欲望而引起的动物心理变化与生理反应比那些因愤怒而引起的变化反应及行为更可怕。因欲望让人更放纵、更懦弱。

欲是继肉体、灵魂之后的第三个生命要素。

人一出娘胎，就会寻找母亲的奶头，这便是入世的第一原始欲望起点。

识托浮泡起，生从爱欲来，
昔时曾长大，今日复婴孩。
星眼随人转，朱唇向乳开，
为怜迷觉性，还却受轮回。

之后，在漫漫人生路上的一切追求，都是沿着这个原始起点发展衍化的，性追求、家庭追求、事业追求，应求所求。只是到了事业追求的时候，本能上升为理性，有了些人文的色彩。

欲在人生命运中所占据的地位，可谓至高至大。肉体既已产生，欲望便成为驱动人活动的重要动力。人生中的一切成败祸福，几乎都与欲的诱发密切相关。

作为肉身的人体，既有区别于其他动物的更高智慧与灵性，又有与其他动物类似的行为和性情。例如，两性之爱、母爱、自我保全等，人和动物实际上就是共同拥有的。动物同人一样，不仅拥有某些本能，甚至还会有复杂的情感，例如妒忌、猜疑、感激、争胜等。这是毋庸置疑的，正如达尔文坚定地相信，动物在某种程度上也具备这类复杂心理行为。

人性介于动物性和神性之间，鼾声、响屁、饱嗝……这些声响之所以使人觉得不舒服，是因为它们暴露了人的动物性一面。

人类的动物行为，包括饮食、性交、生育，虽然可提升为更高层次的人的行为，但其动物性不会改变。特别是排泄，人类永远不可能从中获得美感和崇高感。人一般是躲起来干这种事的，连最亲密者也不愿让其看见。也正是人类的动物性才决定了人类欲望的本质。

动物大致分为肉食类、草食类、杂食类三种类型。在肉食类动物中，弱肉强食又较明显，有三条狗遇到一块骨头，就会发生搏斗。但在草食类动物中，情况却又大为不同。而那些马、牛、羊，虽然也会为水草发生争执，但却没有血腥的厮杀，更多的是有水同饮、有草同食。一旦草干水枯，饥荒来临，要么是集体大迁徙，要么是同归于尽集体死亡，但不会出现互相残杀的弱肉强食现象。而杂食类动物却兼具肉食、草食两性，既有弱肉强食的一面，也有相依为命的一面。人应该归为杂食类动物，而且偏向于草食，直到今天，我们的主要食物还是五谷蔬菜的绿色食品，肉类只为副食。这就决定了人类虽然也存在着弱肉强食的特性，但却是有限度的，与狼虫虎豹的兽性完全不同。

人性中善的方面主要有，友爱心、怜悯心、羞耻心、感恩心、宽容心、忏悔心；人性中恶的方面主要有，残忍心、嫉妒心、欺诈心、忘恩心、猖狂心、多疑心、吝啬心、报复心；人性中非善非恶的方面主要与欲望有关，食欲心、性欲心、物欲心、求生心、舒适心、崇拜心、好奇心、侥幸心。除上述外，人类还有创造欲、竞争欲、占有欲、崇拜欲、荣誉欲、自由欲、长生欲等欲望。

人类欲望虽与物质条件有关，但什么条件下才能满足并无标准，往往随着物质及环境的改善而水涨船高。古人生活条件简单，有吃有住有穿就能满足，而现在物质条件丰富了，人的欲望也随之膨胀。今天的人，并不因为丰富的物质而感到满足，他们总是处在不断向外的追求中。这样就使命运钻进了欲望的套子！人作为动物类当然是有欲望的，正因为欲望，才能培养出上进心。但欲望超过限度又会使人毁灭。有些人为了金钱往往变得盲目冲动，甚至失去生命。因此欲望是双刃剑，它能使人成长，也可使人走向毁灭。

欲望是生命的一种基本需求，这是动物属性的一种本能，也是进入每个人肌体里的记忆。

当欲望产生时，我们就成了欲望的仆人，那么这个欲望就是枷锁与套子。如一个人非常"了不起",但就是爱钱,你拿钱给他,他就不"了不起"了,马上就变成"起不了"了,正所谓"有求皆苦,无欲则刚"。除非这个欲望消除,否则很难超越。因此当正面的欲望来临时,你不要害怕要坦然面对,把握住此时此刻,全然地进入这个瞬间。

当然,在进入正面欲望时,也不应成为欲望的奴隶。要做欲望的主人,并能随时更改欲望,修改欲望。若自己主宰不了欲望,它就会让你永远活在希望和失望之中,使你成为它的牺牲品。因此,欲望就是一切痛苦的根源。

明朝朱载堉曾在《十不足》的散曲中写道:

逐日奔忙只为饥,才得有食又思衣。
置下绫罗身上穿,抬头又嫌房屋低。
盖下高楼并大厦,床前缺少美貌妻。
娇妻美妾都娶下,又虑出门无马骑。
将钱买下高头马,马前马后少跟随。
家人招下数十个,有钱没势被人欺。
一铨铨到知县位,又说官小势位卑。
一攀攀到阁老位,每日思想要登基。
一日南面坐天下,又想神仙来下棋。
洞宾与他把棋下,又问哪是上天梯。
上天梯子未做下,阎王发牌鬼来催。
若非此人大限到,上到天上还嫌低。

实际上当欲望来临时，我们还可耗尽它，这样就不会被欲望之刃割伤，彻底消融那个欲望，进入无欲状态之中。

无论你的年龄多大，无论你身在何处，如果你不懂得对生命、对生活进行全面的反思，把自己当成主人，你就依然没有成为你自己，你依然只是一个晃动的影子，一个附庸物。

一个人如果多私多欲，不可能快乐。因为欲望不可能全部满足，这样就会产生痛苦。而且即使一旦满足，又生出更多欲望，反而更痛苦。

欲念有个有趣的特性那就是轮回性。那就是满足从"没有"移至"有"的过程。满足是指从欲的渴望中解脱的一刹那。

德国哲学家阿图尔·叔本华曾把人生比作一个钟摆，摆的这端是"痛苦"，而另一端则是"无聊"。当人的欲望没有得到满足时，便产生焦虑、痛苦感；而欲望一旦得到满足，便又会觉得"不过如此"，于是又马上产生出新的欲望，寻求新的刺激，重新轮回到痛苦的欲望中，开始新一轮的"钟摆"生活。

现在人类自己认为，人与动物最大的区别是能制造和使用工具，但是会织网的蜘蛛又是什么呢？会筑巢的鸟又是什么呢？因此，我们认为，人与动物的一个区别应该是对欲望满足的理解。

在欲望的圈子里，适应性与你的人际圈子成正比。你适应性强，你的人际圈子就大；你能力强适应各种业务，你的求职圈子就大；你能适应各种变化，你的成功圈子就大。但往往是圈子小的人羡慕圈子大的人，就很容易钻进别人的大圈子，被大圈子套住小圈子。当然每个人都有自己的圈子，但关键是这圈子适不适合你。如适合，这个圈子就成了你的生态圈；如不适合，这个圈子就成了你命运的绊脚圈。

如人在社会物质不发达时吃的粗粮多，而物质丰富了，吃的细粮又多了，但细粮吃多了，对身体不好，又翻过来吃粗粮了，结果在吃的圈子里绕来绕去。像钓鱼一样，鱼只有在水中才能优哉游哉地游，但是它们忘记了自己置身于水中；鸟只有借风力才能自由自在飞翔，但是它们却不知道自己置身于风中。人如果能看清此中道理，就可以超然置身于物欲的诱惑之外，只有这样才能获得人生的乐趣，也才能摆脱可怕的欲望套子。

贪婪是人类的天性/让我们爬上了格子

贪婪是人的天性。每个人都希望自己能实现贪婪欲望，而别人绝不可以妨碍自己的贪婪欲望实现。孩子慢慢长大后，一上学就知道，其表现可以获得某些奖励，并且和老师、同学及家人的关系，又维系于在学校的表现。学校本身就是一个典型的阶层体系。学生在低年级的表现，关系着他是否能升上高年级，以此类推，直到取得最高学历和文凭为止。参加工作后，在上司面前的表现，在社团、人际中的追逐，也在攀登阶梯的过程中，不断得到鼓励。因此攀梯已经成为内在自发的行为。

02 财富背后，笼罩着人性的影子

野心勃勃的人正如转轮上的仓鼠、笼中的鸟或链子拴住的松鼠，不断尽心尽力地往上爬，却永远无法登上顶峰。这就是人类在爬格子中的表现。如果没有贪婪，人类就根本不可能进化到文明社会，但贪婪千万不可过度。对一般动物来说，吃了上顿，可以不考虑下顿，吃了春天，可以不考虑冬天。即使松鼠知道过冬要有储蓄，也只不过应付一下冬天而已，不必考虑几年后的积蓄。只有人这种动物，才希望"多多益善"，甚至为子孙后代也安排了，殊不知"儿孙自有儿孙福"。正是这种贪婪，促使人类在狭小的空间里发掘和创造出无数资源，促进了人类的进步。但也正是这种贪婪，导演了无数的人间悲剧，纠纷因之而起，战争为之而兴。所以，贪婪有时善，有时亦恶。

贪婪过度变成罪恶：贪婪是一切罪恶的根源。这是最传统的说法。贪婪造就了犯罪、杀戮、抢劫等人间可以想象的一切罪恶。似乎，贪就是万恶之源。

贪婪是不是人特有的呢？绝不是。吃喝、舒适是一切动物共有的追求，但在贪婪上，人远远超过动物。

贪婪的最大需求就是金钱，人们很容易掉入发横财的美梦中，而且无法自拔，因为贪婪蒙蔽了他们的眼睛，使他们只知道在多种诱人的格子中爬上爬下、爬左爬右，根本看不清楚一切。

任何人对金钱都非常熟悉，但有时又感到它变幻莫测。金钱的游戏规则就是：如果你有钱，你就可以购买自己想要的东西；如果你囊中羞涩，你就必须去赚钱。

我们常以一种偏执的心态接近金钱，通常是深深地爱着它，且不择手段地想得到它。腐蚀我们的不是金钱本身，而是这种对金钱的贪爱。就金钱本身来说虽然是中性的，但是它不断地引诱它的占有者使用它，从而奴役人的灵魂。

关于贪财者，我们看到很多的寓言故事，如一土财主已掉入河中，不善游，眼看没救了，故大喊救命。河边有人应答：二十铜板就救，但财主砍价，后丢了性命。除了贪吃、贪色、贪财之外，还有贪权、贪爱、贪美……世之贪者，细数来，真是名目繁多，叫人叹息不已。

贪婪是最真实的贫穷，满足是最真实的财富。

贪婪就会产生攀比，攀比又会产生嫉妒。**在人类的各种情欲中，爱欲与嫉妒最能迷惑人的心智。而且这两种感情最能激发出人类强烈的欲望，有时还会创造出虚幻的意象，足以蛊惑人的心灵。**

嫉妒别人的人往往是自己没有超过他人的优点，只能寻找别人的缺点作为弥补，而且嫉妒发生的可能性，与时间和空间的距离成反比。一般人很容易嫉妒近在眼前的人，而不会嫉妒古人或遥远的陌生人。一个渴望往上爬的小职员并不嫉妒某个外国人一夜之间登上总统的宝座，反而对他的同事晋升科长耿耿于怀。一个财迷并不会嫉妒世上那些亿万富翁，但看见他的邻居发了小财却寝食难安。由于嫉妒的近距离法则，成功者往往容易遭到他的同事、熟人乃至朋友的贬损，在他的圈子之外却获得了承认，所谓"墙内开花墙外香"也就成了普遍现象。

嫉妒基于攀比。在同一领域内，人对于远不及己者和远胜于己者也不易有嫉妒，因为水平悬殊，亦不成竞争。嫉妒最易发生在水平相当的人之间，他们之间最易较劲。多数人挤在中游，所以嫉妒占的比重也较大。伟大的成功者不易嫉妒，因为他远远超出一般人，找不到足以同他竞争、值得他嫉妒的对手。对于人而言，莫大的屈辱不是遭人嫉妒，而是嫉妒别人，因为这种情绪暴露了一个自己最不愿意承认的事实——非常自卑。嫉妒的发生又来源于自己认为不公平的对比之中。对于我们既有能力也有机会获得的成功，一般不会嫉妒，因为它唾手可得；对于我们既无能力也无机会获得的成功，我们也不易嫉妒，因为它高不可攀；如果我们有能力而没有机会获得，或有机会而无能力获得，最容易产生嫉妒。

嫉妒是对别人的快乐（幸福、富有、成功等）表现感到一种强烈的不快与愤愤不平。所以，你若成功了，也千万不可张扬，免遭别人嫉妒陷害。

没有比人类之间的嫉妒更奇怪的感情了。一方面，它极其普遍，几乎是人所共有。另一方面，它又似乎不可告人并力求隐藏。这种多重的折磨往往使其深陷疯狂。

由于攀比的失败所产生的嫉妒，会使自己感到命运无常，在贪婪的格子中出错，又产生自己的命运被捉弄的悔恨。特别是一个人在可以做出正确选择的情况下，却做了错误的选择，并且身受其害，便会感到悔恨。当然了，如果你当时无可选择，即使祸害发生，也不会觉得悔恨而只有悲伤。因此有人说，选择就是痛苦与折磨，何况在贪婪的格子中爬来爬去呢。

习惯是人类的秉性/让我们罩上了影子

习惯本身就是影子,在大地上,你如果面向着太阳走,你的影子就跟着你走;如背着太阳走,你的影子反而走在你的前面。

这种差异非常有意义,因为如果你能领导自己的影子,你就是生活的主人;但是如果你是追着影子前行,生活肯定举步维艰。如果你总是背朝着太阳追随别人或自己的影子,习惯就出现了,就只能跟着影子走。生活中就不可能有真正的快乐。

例如你习惯的常态是"生气",而"生气"又是一种情绪变化的习惯,这样"生气"实际上就成了拿别人做错的事来惩罚自己的不良习惯了。

习惯的主要特征如下:

1. 行为性

人的行为往往取决于他们长期养成的习惯。因为一切天性和诺言都不如实际养成的习惯更有力。我们常听到有人发誓以后要做什么,或者不再做什么,而结果却常常是一切照旧。在这一点上,似乎一切都难以战胜习惯,以至于一个人可以诅咒、发誓、夸口、保证,但到最后还是难以改变习惯。

我们也看到习惯的统治或者专制。习惯在精神上和肉体上有时具有很大的力量。因此,习惯可主宰人的生活,人类若能形成一种最佳习惯当然显得非常重要了。习惯还带着"颜色"，时常干扰你。

习惯往往决定一个人的品质，根据意志力的强弱，习惯或者是你仁慈的主人，或者是一个残忍的暴君。一方面，我们也许会成为习惯快乐的臣民；另一方面，我们说不定也会成为习惯的奴性十足的奴隶。习惯既能使我们走向成功之路，也能使我们走向毁灭的深渊。

人一生下来就开始接受训练，训练的主要内容是服从。很小的时候，都是一些关于"听话"教育，如不要玩火，不要乱动，不要哭喊等。这种教育不仅从正面，而且从反面也在不断强化。你哭就给你的屁股一巴掌，你不哭，反而笑，大人便会给你奖励一粒糖。如此反复地进行训练，由于记忆的习惯作用，你的行为方式在一定程度上就固定下来。

2. 服从性

服从，换个角度就是按要求的习惯去做。你如果有责任、有信心，你应该让下属、孩子、朋友、同事理解，从内心里理解，让他主动去做。

服从是被动的习惯，是没有你自己的头脑、自己的思维参与的行为。生命的价值在于创造，在于改变习惯，在于无时无刻地超越。你既已习惯服从，自然便不会有超越。

你本身便被压在了某个角落，被囚禁在一个黑暗的笼子里。天长日久，你自己也就忘记了自我的存在，忘记了灵性的存在，于是，社会、文化、家庭教你怎么生活，你就怎么生活了。

你一直过着一种虚假的生活,一种烦躁的生活。主要原因是你已习惯。过度习惯,是没有自己的快乐的。一切都是为了迎合他人。那些服从于利益而习惯了重生产轻安全的负责人和经营者,总是自我安慰说:"哪有这么凑巧会落在自己身上。"结果常常是到铁窗里甚至枪口之下才不得不承认"果真这么凑巧"。这又是习惯带来的危害。

3. 传染性

人与人之间的相处基本上是互相适应的。就习惯上来说,不同习惯的人对事情会有不同的看法和价值评断,在一件事是非未明之前,每个人都会站在自己的立场来看此事,于是会产生辩论、争执;若此事仍未能明朗,则又会出现性格较强的人影响较弱的人的现象,性格懦弱的必被性格坚强的人吞噬,唯唯诺诺的人又被坚定不移的人所控制。

那些无可救药的不快乐或极度悲观的人,拥有着特别的感染力,因为他们的个性和情绪如此强烈,我们往往被他们悲观的想法所束缚,当我们每说一句话或每做一件事情,他们总是极力反对,从而让我们自己感到很扫兴,因此也失去了信心。这就是习惯的传染性。

4. 自然性

人有着鲜明的自然性,顺其自然,是人生的一种境界。
比如人,什么时候应该睡?困了就睡!什么时候应该起?

睡不下去了就起!

又比如吃饭,什么时候吃?饿了就吃。什么时候不吃?饱了就不吃。这就是顺其自然!

最典型的是看家狗。第一次见到陌生人的时候,狗会狂吠不止,但只要主人拦住,或者主人"介绍"这是客人的时候,狗一般会开始摇动尾巴。这个人第二次来的时候,狗就认识了他,开始欢迎他。这是看家狗形成的自然习惯。

5. 无奈性

一位心理学家好奇地发现一只被习惯困死的鳄鱼。鳄鱼是一种迅猛而有力的动物,但是心理学家想知道鳄鱼是不是也有耐力和韧性。于是他把一条饥饿的鳄鱼和一些小鱼放在一个小箱的两端,中间用一个厚厚的透明玻璃板隔开,刚开始,鳄鱼毫不犹豫地向小鱼发动进攻,但失败了。它毫不气馁,接着又向小鱼发动第二次更猛烈的进攻,又失败了,并且受了伤。它还要进攻,第三次,第四次……多次进攻失败后它再也不进攻了。这时候,心理学家将两者之间的隔板拿开,奇怪的是鳄鱼像是死去了一样,仍然一动不动。它只是无望地看着那些小鱼在自己的眼皮底下悠闲地游来游去。它放弃了所有努力,最终活活饿死。

还有一个实验,把一个跳蚤放在一个铁桶里,用玻璃板盖上后,它会向上跳跃,力求出来,但几十次跳跃,几十次失败。当它跳跃到将近一百次的时候,还是没能跳出来,自己的身体却已被撞得疼痛万分,于是跳蚤决定放弃了,虽然后来实验者把玻璃板移开，但它再也没有试过一次。实际上这一次肯定能逃生。可悲的是，它的结局与那条鳄鱼一样，被自己的经验困死在铁桶里。

所以我们又可得出结论：动物也是一种以经验支配行动习惯的生物，有时也将注定它的"无奈"，人要生存，不借助习惯的力量不行，而人有所追求又必须学会摆脱束缚你的旧习惯。

恐惧是生灵的共性/让我们拴上了绳子

恐惧是人的生理机制在具体环境、具体事物中由于受到刺激，而产生的主观心理上的一种不快或者痛苦的感觉。

恐惧有许多种表现，但归纳起来大概有三种主要形式：第一种，对不具人格的东西有所恐惧；第二种，对"不存在"的事件感到恐惧；第三种，对生命死亡的恐惧。欲望驱使你前进，恐惧却使你退缩；诱惑使你欲望无穷，眼前的憧憬勾起你过去痛苦的经验，随后又依附着恐惧，最后又令你畏缩却步。恐惧主要因危险、受攻击和无力克服某种危险来临（无能）而致。危险是指能够造成或产生伤害的环境、处境。恐惧的具体事项又包罗万象，比如它可以是与乘坐电梯有关的恐惧，也可以是一种与乘坐飞机有关的恐惧。我们知道，产生恐惧感时你的生理机制也会作出相应反应。不安、忧虑、嫉妒、愤怒、胆怯，都是恐惧的另一表现。

恐惧表示人的无助与胆怯。恐惧也是人类命运中幸福与希望的刽子手。

　　有些人对于一些事情，常怀恐惧之心。他们怕风，怕受寒；他们吃东西怕中毒、经营时怕亏本；他们怕闲言碎语、怕舆论；他们怕困苦的生活，怕贫穷、怕失败、怕收获不佳；他们怕雷电、怕暴风。最坏的一种恐惧，是常常预感着有某种不祥之事来临。这种不祥的预感，像云雾笼罩着爆发前的火山一样遮蔽一个人的生命。

　　要防止恐惧深入你的心中，尽量避免恐惧的想法。当不祥的预感、忧虑的思想在你心中出现时，你不应该纵容它们。

　　对于正在进行中的事情，假若你恐惧，认为它注定要失败，你很可能变得战战兢兢，不堪重任，以致你的事情一败涂地。体育竞技中经常爆出的"冷门"，大概就是这个道理。其实，你应当想象自己坚强、有力，相信你的魄力以及以往的经验，只有这样，你才能成为你事业的唯一主宰。陷于忧虑与恐惧的头脑，尽管仍在思想，但往往不清晰，不敏捷，不合逻辑，大脑的思考力自然也大幅度下降。

恐惧与欲望的较量

　　某一王国，主人派人把一条宽不足半米、长20米的木板放在地上，叫20个男子在板子上从一头走过另一边，每个人都不会感到困难。当把此木板放在两座均为20层楼高的大厦中间，作为天桥还摇摇晃晃，让人从这座大厦天台走到另一边大厦天台，此时没有一个人愿意。这个时候主人在对面说："谁马上走过来就付给他100万元现金。"有5个人行动，当然也掉下去就失去了生命的，其他男子无动于衷。这个时候主人又拿出大量珠宝，说道："谁能马上走过来，珠宝任你选一样。"于是，又有3个人愿意再往前去，其他的男子还是无动于衷。接着，主人在对面又说："谁马上走过来就付给他1000万元现金，同时可以选几样珠宝带回家。"于是又有2个人愿意再往前去，可惜的是没有一个人成功走过去。当然剩下的男子还不少，但无论主人怎么说，他们都不动心，不愿意用自己的生命去赌。此时，主人让人抬过来一个关着几只老虎的笼子，命令手下打开了笼子的门，把这些老虎全部放了出来。此时此刻，剩下的人惊恐万状，全部急忙向对面跑过去……恐惧战胜了欲望！

这个例子说明另一点，就是除非有足够的痛苦与恐惧比较，否则人不会去满足当时的欲望，作出冒着生命危险的选择。恐惧在整体人生动力中可以是正价值，又可以是负价值，全看你如何驾驭它们。

恐惧与心态有关

恐惧对许多人来讲，出于自扰，如果不明了恐惧，不懂妥善利用它，它可能就是你迈向成功的绊脚石，使你畏缩、自卑、失落，由正价值观的人生变为负价值观的人生。

恐惧，是一个人最大的敌人。恐惧，带来的是失败、疾病，以及恶劣的人际关系。因为恐惧是一种头脑之念，恰是这种念头，抑制了你的自信，使你无法享受到人类的诸多美好情感。人性焦虑的第一表现形式也是恐惧。人诞生后，娇嫩的皮肤首先接触空气的浮动，外界冷暖不定的空气与母体胎盘里恒温状态的液体落差巨大。外界的任何物体都不如温润的液体那样柔软。人受到了刺激，开始哭泣，这就是人的第一个活动。哭代表人的恐惧，那是人体焦虑的反应。

人类的恐惧比动物敏感

人来到世界上，有着本能的焦虑与恐惧。在动物界中，如人那样长时间处于婴儿状态，需要父母保护的动物是绝无仅有的。但可以看到其他动物会悠然自得地长时间处于静谧状态，但唯有人不能。蛇甚至可以冬眠几个月不动，龟可以几年甚至几十年保持一种动作，只有人不能，甚至在睡眠中，人还会被噩梦惊醒，醒后仍处于焦虑和恐惧之中。

现代心理学家发现，人与动物之间最大的差别在于，人对不存在的东西会产生恐惧。一头猪晚上要被杀了，中午它照样可以很快乐地进食，人却做不到这一点，原因在于人会为未来的事忧虑。

人类的远古祖先，对自然界的风、雷、电感到非常恐惧。所以，过去崇拜太阳、雷电，并由此形成了早期的自然崇拜。

独处的人会感到恐惧。一个人进入空旷无人的地方，一日两日或许可行，但时间长了，将会感受到巨大的恐惧。这种恐惧又促使人类寻求群居。也因此，人类发现，群体的力量大于个体的力量，几个人在一起，就可以抵御猛兽的袭击，多个人在一起，可防备敌人的攻击，由此可以消除一些恐惧感。

造成本能恐惧的基因又是从祖先那儿传下来的。当人类在以捕猎采集为生的时候，有许多人被蛇咬死，所以我们憎恶我们古老的敌人（蛇），却对新的威胁，如枪杀，本能反应稍弱些。而人对尖锐物品的恐惧，也是最原始、最直接的。这种恐惧来源于自古以来的尖物对人的伤害，今天的孩子依然可以感觉得到。想一下，远古时期，人受到猛兽利齿和爪子的攻击，这些都是尖尖的。

当然正因为恐惧的出现，也才提醒我们做事谨慎、小心，而小心则有助于我们安身立命。犹如躯体疼痛，任何人都不会感觉舒服，也正是这种不适感，才警告我们，我们正面临困境。有时，恐惧是有益的，恐惧也有助于我们的生存。

正是由于人的有限与渺小，宇宙、世界的深不可测，两者差距太大，才使人对许多无法理解的事物生出恐惧感。比如，有些人认为"四""十三"这些数字会给他们带来不祥，这样一个简单的符号就足以让人产生恐惧，可见，面对世界的无常，人类又是多么脆弱而无助。

恐惧，它比害怕更深刻。害怕是面对一个具体对象，恐惧与焦虑一样，可能是没有具体对象，无边无际的。

肉体遭到攻击你会产生害怕，而精神的伤害却能产生恐惧，最终把人带入绝望。害怕是现在的，恐惧则可以针对未来和不可知的事发生。因此，恐惧的折磨使命运拴上了绳子。

信仰是人类的灵性/让我们打开了窗子

信仰，就是相信人类的命运中有一种东西，比自己的生命更重要，并值得为之活着，必要时也值得为之献身。这种东西必然高于我们的日常生活，像日月星辰一样在人们头顶上照耀，人们非常相信它并且仰望它。但是，它又不像日月星辰那样可以用眼睛看得到，而只是人们心中的一种信念，也正因为看不见反而更增强了信仰的神秘力量。信仰可使一个软弱的人变得坚强，使他成为一名视死如归的战士。信仰犹如一把宝剑，要经过无数次的煅烧才能锋利无比；信仰又像一块埋藏深山的璞玉，雕琢之后更显其价值。

信仰是内心的光，它不但照亮了你的人生之路，也会使你的命运之屋打开一扇窗户。没有信仰的人犹如在黑暗中行路，不辨方向，没有目标，随波逐流，一辈子浑浑噩噩。

虔诚是对待信仰的一种态度，而不是信仰本身。因此，真正信仰的也必然是虔诚的，而虔诚的未必是真正信仰的，一个本无真正信仰的人，也能作出虔诚的姿态，来掩饰其伪善的面孔。

当然，信仰未必就是要皈依某一种教派，或信奉某一位神灵。实际上一个人不甘心被世俗生活的浪潮推着走，而总是想为自己人生的轨迹确定一个具有恒久价值的目标，他便是一个有信仰的人。父母都希望把孩子培养成非常优秀的人才，对孩子的这种希望非常执着，也成为他们的一种信仰。随着生命衰老，父母有些方面也需要依靠儿女了，最终儿女竟不知不觉间成了他们的靠山。

作为一个生灵，信仰越普遍，这个生灵的层次越高，其认识命运的境界也越高。

信仰不仅是一种境界与目标，某些重要因素或价值的获得有时也是一些人在某一阶段的信仰。一个智慧的民族，其聚敛财富的能力也是令人惊叹的。

比如，由于犹太人所处社会背景和生活环境的特殊性，使他们对经商有着许多独特、深刻的看法。与其他许多文化把金钱看作罪恶之源或者赞美安贫乐道不同，犹太人认为金钱是值得人尊敬和重视的。这也许就是对财富信仰的一种追求态度。

命是牌，运是棋

生物的博弈 2

人类之所以珍贵，就是因为人类的祖先在几十亿年的进化过程中，遇到许多侵蚀"它"的敌对病毒才成为迄今为止的"智人"。

珍贵的人类，感谢折磨你的"人"。40亿年前的"人类"只是一个微不足道的小细胞，因为病毒才进化到现在的你。大家知道任何一个陌生人和你的 DNA 之间的差别平均只有0.1%，人类和近亲黑猩猩的 DNA 的差别只有1.2%。可见差异的神奇。

人类最原始的祖先是生活在海洋中的细菌。也就在距今大约40亿年前，但是并没有某一个具体的生物是人类的祖先，这是因为当时的细菌可以随意交换基因。这听起来似乎有些不可思议，但当时生命刚刚诞生不久，还没有完整的形态，身体内的基因随时会流浪，所以当时的海洋相当于大型的基因粥。

而生命的演化像一棵树，但这树根的最底部并不是一个主干，而是像红树林一样盘根错节的根系。所有生物的最后一个共同祖先是luca，虽然它不是地球上第一个生命，但它是当时唯一并且仍有后代的生物。最早的真核生物出现在距今14亿年前，所以在14亿年前，人类的祖先是一个真核生物，它继续演化，地球上开始出现了海绵生物，海绵生物出现在距今6亿年前，此时地球海洋中虽然有许多生命，但陆地上仍旧是了无生机，海洋之中也没有大型生物。距今3.75亿年前，生活在泥盆纪晚期的提塔利克鱼演化出了四足动物的特征，恰好陆地上有大量的游离氧，这些游离氧结合在一起形成了臭氧层，臭氧层隔绝了大量紫外线，使海洋生物能够爬向陆地，在陆地上探索未来。

虽然此时地球生物已经从海洋走到陆地，但它们还不能离水源太远，而是生活在浅滩或者沼泽地带的浅水栖息地之中，比起陆地生物，它们更接近于两栖生物，而且它们必须要在水中产卵。3.2亿年前，羊膜生物开始出现，最早的羊膜动物之一是林蜥，体型特征有些类似现在的小蜥蜴。它们不用把卵产在水中，而是产下类似今天的"蛋"，羊膜中包裹着孵化幼崽所需的水分和营养物质。由于这个特征，它们可以来到干旱的地区生存。大约在3.1亿年前，羊膜动物演化成了两个分支，一个是现在的爬行动物，一个是合弓纲。合弓纲类目下原始的"盘龙目"就是最早的貌似哺乳动物。因为哺乳动物是从一类叫作"盘龙类"的爬行动物进化而来的。在二叠纪（距今2.9亿年至2.4亿年前）的中期，盘龙类的一个分支——兽孔类爬行动物出现了。在数千万年的进化过程中，兽孔类动物形成了很多与后来的哺乳动物相关的特征，因此兽孔类也常被称作

"似哺乳爬行动物"。

珍贵的人类奇迹出现了!

哺乳动物的祖先遇见了某个逆转录病毒,逆转录病毒表示要进来参观,而祖先们就顺水推舟,"想进来就进来呗",巧妙地利用了它产生的蛋白质突破宿主防火墙的功能,演化出了被"服务器"授权访问的胎盘。

"逆转录病毒"是一种入侵宿主的细胞,它能把自己的基因插到宿主的 DNA 里实现寄生,而正是顺利降生的内源性"逆转录病毒"基因才使我们的祖先真正成为哺乳动物。

哺乳动物区别于其他动物的特征就是胎盘。6500万年前,我们的祖先,同时也是所有哺乳动物的祖先,长得就像一个老鼠,在地下活动,昼伏夜出。不过,它还没有成为真正的哺乳动物,因为它还没有胎盘。实际上,胎盘的重要组成——合胞素,制造合胞素的基因,正是来自古老的逆转录病毒。

原来,在卵子和精子合二为一(受精)的一周后,一个初级版本——胚泡就会在子宫上制造胎盘。合胞素就是胎盘和母体直接接触的那层细胞分泌的。这些胚胎外层的细胞叫作合胞体滋养层,没有它们分泌的合胞素,"你"就不能黏住"妈妈",也不能从母体里吸收营养,生长发育更是无从谈起了。可以说,是合胞素分配给"你"访问和调取"妈妈"资源库的权限。

帮助你生而为人的病毒蛋白质可不只有合胞素一种,在胚胎发育时期,身体里的内源性逆转录病毒非常活跃,制造了大量病毒蛋白质，这些来自病毒的蛋白质帮你造出了身体组织，随着低阶版本的你发育成熟为高阶版本，这些病毒基因就被过河拆桥，逐渐关闭了。所以说，胚胎时期的你，比现在的你更像病毒。人类和病毒一直在交换着DNA，也可以说被病毒渗透了。圣希尔达大学教授Katzourakis的研究发现，人类基因组曾经经受了逆转录病毒的31次入侵，并把它们俘获同化，封存在身体里。不敢想象那31次逆转录病毒和人类祖先的大战是什么样的情景，可能像大面积HIV暴发吧。正如高福院士在其出版的《流感病毒——躲也躲不过的敌人》一书中所讲：

> 这些看似微小的生命，多年来一直与人类纠缠不清，始终不离不弃地陪伴在我们身边，常常幻化出各种形态，迷惑和躲避人类的追踪。即使有时会突然无影无踪，但经过风平浪静间隙，却又突然刮起旋风，给人类制造新的劫难。尽管随着科技发展的一日千里，我们会产生依靠科技躲避流感的念头，似乎可以在某种空间状态下，创建一个生命区间的隔离域。

到底是我们的祖先赢了，还是这支病毒的残部赢了？！ 我们自以为聪明地驯化了病毒，利用它们传宗接代。但从病毒的角度讲，人类或许就像中了挖矿病毒的机器，消耗自己的CPU，"为别人跑程序而已"。

6500万年前，地球又发生了一次重大事故，一颗直径约10千米大小的小行星受地球引力影响，撞向地球。巨大的冲击力引发了地球环境变化，地球温度下降，而此时恐龙的灭绝，给了哺乳动物一次机会，人类的远古祖先灵长类动物也在此时发展壮大。到了4000万年前，灵长目动物开始出现两个亚目：原猴亚目和简鼻亚目，而人类就属于简鼻亚目，简鼻亚目的生物在演化中丧失了合成维生素C的能力，所以简鼻亚目下的生物都必须从食物中获取维生素C，这也是为什么我们人类需要食用水果的原因。3000万年前，简鼻亚目又演化了两个分支：阔鼻亚目和狭鼻小目，狭鼻小目在后来又分化了两个分支：猴总科和人猿总科，毫无疑问，人类是人猿总科的后代。最早直立行走的生物是地猿，地猿生活在距今440万年前，由于当时非洲环境变化，森林不断减少，原本生活在树上的猿类不得不下地生活。在距今350万年前，南方古猿出现了，我们常说的"全人类的外祖母露西"就属于南方古猿阿法种。通过研究露西的身体结构，我们能看出它们已经可以习惯性直立行走，但盆骨大小介于人类与黑猩猩之间，大脑容量也接近于人类与黑猩猩之间，属于猿到人类的过渡期物种之一。

古人类学家把人与猿的分界线定为：脑容量超过750毫升（也有说600毫升），而满足这个条件最早的人种就是"能人"，虽然脑容量超过了750毫升，但"能人"还不会使用工具和火，直到匠人出现，人类才学会了使用火和简单的工具。

大约在190万年前，直立人开始是在非洲出现，后来环境变化，走出了非洲。走出非洲的这些人演化成为世界各地的直立人种，包括北京猿人。但此时人类的祖先还在非洲演化着。距今20万年前，远古智人开始出现，但在距今6.5万年前时，智人才开始走出非洲。在智人走出非洲的过程中，许多大型动物都灭绝了，一些其他人种也在智人的竞争中失败，逐渐走向灭绝，比如，尼安德特人、佛罗勒斯人等。距今1.2万年前，随着最后一个佛罗勒斯人死亡，智人成了世界上唯一存活的人种，如今的我们，可能都属于智人。

齐默在《病毒星球》一书中写道，"人类作为哺乳动物的一员，已经跟病毒组成了难以分割的混合体。清除了体内的病毒基因，我们可能无法活着从子宫里生出来……"若不是借助病毒蛋白质的话，就不会演化出最初的有胎盘哺乳动物，更不会有后来的人类。所以病毒与人类之间的协同进化，从人类起源开始，一直是紧密相连的。病毒与人类宿主之间的持久斗争是人类演化的关键推动力，甚至可以说，没有病毒，就不会有人类。

珍贵的人类生命进化尚且如此，而我们人生的"命运"又何尝不是。往往机会仍没有到来，就是因为"敌人"还未出现，"敌人""对手"出现之日，就是好的机会即将到来之时。每个人一生"命运"中关键的几步选择，往往是遇到了"折磨"你的人，让你突然开悟，选择了正确的方向。

幸运：命与运的最佳组合

从宇宙到生命，从生命到人类，其命运与大宇宙、大自然相比，太偶然也太渺小了，而人类产生且赋予的这个高级智慧命运体又太神奇了！也正因为它神奇，也就有了命运；正因为它偶然，命运才具有真实意义；也正因为人的渺小，所以我们若能掌握命运则意义更伟大。命运是世间至大之事，自从人类脱离动物王国，进入文明时代之后，它就成了一个千年神奇、长兴不衰的话题。穷人讲，富人也讲；善者讲，恶者亦讲。不论是幸运者还是不幸者，是平民百姓还是帝王将相，也几乎无一人没有产生过对命运的思考，但命运究竟是个什么东西，众说纷纭。

"命运"一词是个合成词，不是单纯词，是由"命"和"运"两个单纯词组合而成。命是命，运是运，虽是两个概念，只因它们在人的生存活动中必然要发生碰撞结合，故把它们合二为一，统称为命运，即每个人生命的运转变化。

"命"包括肉体、灵魂、欲、情感、智力、气魄、胆略、德行、性格以及意志、气质、血统等。

"运"包括天运、地运、家运、国运以及必然机运、偶然机运等。

多少年来，人类一直在探索着这一难题，包括圣人和哲人，大多都无法做出自圆其说的破解。

命运就是一个生命的运动变化过程。但是最不可思议的特点就是，一方面，它好像是纯粹的偶然性，另一方面，这纯粹的偶然性却成了个人不可违抗的必然性。一个极偶然、极微小的差异或变化，很可能会导致天壤之别的不同命运。

人生在世，很多事情是自己不可以控制、不可以主宰、不可以预测的。生不是我所决定，做哪国的人，做哪个时代的人，做谁家的孩子，也不是我能决定。幼年上哪所学校，是父母决定；升上中学入了大学，能否毕业，受老师影响；出来做事，一切又由上司左右；结了婚，为儿、为女、为家庭，还是"身不由己"。如何面对很多"无可奈何"的事显得格外重要。

生命的由来，背景是绝对的偶然，而运的变化又是相对的必然。人的命运就是由无数个偶然，发展成一个必然，但这个必然又可能成为另一个发展的偶然，再与其他的偶然，演变为必然，如此下去，无休无止。

命运的起点是从命开始的，因此命是主体是绝对的，离开了命，运的存在就失去了作用与意义。命是绝对的，且在生老病死的历程中也会穿插欢乐与痛苦。命运是由"吉、凶、祸、福、成、败、得、失"等各类具体事件组成，但这些具体事件本身并不等于苦乐，苦乐是人的生理感受（包括肉体和精神两方面），也是相对的。如感情的薄厚，性格的刚柔，神经反应的灵敏与迟钝，以及地位、身份、环境的不同，都会导致对客观事物产生感受的不同。当然这种感受是相对的、变化的。

一个乞丐偶得一块热馒头，会高兴得手舞足蹈；一个富翁"富可敌国"也许夜不能寐。某男子离了三次婚，反自诩为活得潇洒。某人花甲而终，悼亡者还惋惜他"天不假年"；某人刚到中年，即赋诗作乐曰："颜回短命伯夷饿，我今所得已宜多！"这就是说，命运存在着一个相对与绝对的

"辩证法"，而人生苦乐与命运好坏全是因人而异，因人而定，并不由事件本身而决定。因此，要全面认识命运，把握命运，还须弄清楚命运的辩证法则。

我们可以支配自己对命运的态度。一个人越是能够支配自己对于命的态度，运对于他的支配力量就越小。

"命"可以影响"运"，而"运"又可左右"命"。正如有一个人遇上逆境，他可以视此不快为一时的事，如他依此克服困难，逆境很快便过去，这只是他的"运"，不是他的"命"；如果他遇逆境认为不可改变，并放弃自己，逆境便成了他一生的事，这便是他的"命"了！而运，又是相对的必然性，最容易被人们察觉到。它虽是此时此刻的顺逆祸福，但其背后又包含了许多偶然性，所以对长远的影响，是难以捉摸的命，是人们最为忽略的，因为它是既成的事实，你已习以为常。但你应了解到，一时祸福，要成为一生的祸福，关键看人又会如何去抉择，这便会影响其一生，成为生命中不能改变的决定性。这决定性在人的心目中，成了既定的事实，当再遇上机运时，便会回过头来影响你这一时的决定，互相循环地影响，便构成了人一生的命运。所以，有些人会逢凶化吉，这在于他们如何由命的偶然，来决定运的必然，或由运的必然，改变命的偶然。

在人生中，偶然性便成了一个既诱人又恼人的东西。这就要你学会用运的必然性改变你命的偶然性。如勤劳能够克服贫穷，谨慎能够防止灾祸，努力辛苦地做事可以达到富裕，磨炼才能、培养操行可以取得尊贵等。

运的必然性后边又有许多命的偶然性，命的偶然性后边也有运的必然性。

命和运也是像棋和牌一样既不能混淆，又不可抵消。命，是偶然摸到的牌；运，是走出的每一步棋。

命和运在生命个体的生存发展中不断地参变，从而使人生呈现为缤纷多元的轨迹，幻化出百态千姿的结局。

相对而言，命作为牌本身是静态的，运作为棋是运动的。即使命不去找运，运也会主动来找命。每一个个体生命的诞生，就是一次机运的创造。父母孕育你的生命之初，就是惊心动魄的一幕。

命作为牌是第一性的，运作为棋是第二性的，先有牌然后才能走棋，但是到了某个具体的命和具体的运相结合的时候又会出现颠倒，出现运大于命。运改变命，棋走的好与坏决定整个命与运。俗话讲，"人生如棋"就是这个道理。命像牌一样，它是你自己偶然选择到的一张，但也必须走好，运变好有时还可改变命。

人作为自然中一员，必受自然规律的生灭制约。所谓征服和改造，只能运用到地运和其他一些运的身上，不能运用到天运身上。谁如果想跳出天运的圈子，获得绝对的人力自由，就等于把自己推向灭亡。对天运的正确态度应是，认识它的规律，顺应它的规律，而不是反叛它的规律，破坏它的规律。生命之舟航行于天运之河，需要认识的是它的水情水势，需要调整的是我们的桨板、航舵与心态。这样也才能使命与运实现最佳的组合，让"命"这张牌与"运"这个棋越走越好。

可谓：

人生就像棋一盘，

落子容易悔子难，

盘到中局方知险，

胜负总在黑白间。

所以在对的时间做对的事显得更加重要。假如你是一朵"丁香花"，但不知在什么"环境"下开放，如选择在冬天寒冷的北方，结果不但是花朵被冻而且花树也死，最后又抱怨自己不幸运，命运如此欠佳；而若你本是"梅花"一朵，但因没有认清"自我"，遇到冬季也只是按常规不敢贸然行动，错过了最美好的时机，也是不幸运。

岂不知：

墙角数枝梅，凌寒独自开。

遥知不是雪，为有暗香来。

事实上当人处于尚未得志的修养阶段时，由于条件不成熟不能施展能力发挥作用，就应自觉积蓄力量，休息养生，行韬晦之计等待时机到来；当处于劣势不利的时候，要稳重待机后发制人；当处于时机成熟，有了活动天地和成功机遇时，就应乘势进取、施展抱负；当进入升腾阶段，就是进可以攻、退可以守的阶段，可顺其发展；当进入鼎盛时期，就应把握主动权、节节胜利。当然这个鼎盛阶段是走向衰退的开始，应学会功成、名遂、身退；当进入衰退时期，出现敌强我弱的不利局面时，就应懂得以柔克刚的真谛。

当然幸运，有时也源自心境。心境是内心对某些外界事物做出反应时所处的境况，但心境的起因却源于自身之内，并非源于那些外界事物。月有阴晴圆缺，但月容本无缺。

大家也许知道算卦者也有说对某些情况的时候，实际上，这是算卦者对求卦者的影响，心境起源于自身，也就是与求卦者预测一致后，心理上就归功于算卦者的灵验。

北宋文豪苏东坡与润州金山寺住持论文赋诗，无所不谈。有一次他们相对打坐，苏东坡问禅师："大师，您现在看到的苏东坡是什么？"大师反问："您先说说，您看到佛印是什么？"苏东坡怀着好胜的心理，先发制人地说："我打坐时，用我的天眼看到大师是团牛粪。"禅师笑着说："我打坐时，用我法眼看到你是如来本体。"苏东坡听后扬扬得意。

回家后，苏东坡把与大师的对话告诉了妹妹苏小妹。小妹听后说："哥哥，你输得实在太惨了，你难道忘了在修行时，一切事物都是内心的投射吗？你内心是团牛粪，所以看到别人也是一团牛粪，禅师内心是如来，所以看到你也是如来。"苏东坡听后心里非常不是滋味。

生活形同此理。在日常生活中，对于同一件事情，同一种遭遇和环境，往往有人乐观，有人悲伤，其根本原因就在于人心里装的是什么。定能生慧，静能通神。一个心灵就是一个世界。古希腊哲学家普罗泰戈拉喊出一句影响西方两千多年历史的口号："人是万物的尺度！"你自己的幸运有时完全源自自己的心境！

有一个秀才第三次进京赶考，住在一个经常住的店里。考试前两天他做了三个梦。第一个梦是梦到自己在墙上种白菜；第二个梦是梦到下雨天他戴了个斗笠还打伞；第三个梦是梦到跟表妹背靠着躺在一起。

这三个梦似乎有些深意，秀才第二天就赶紧去找算命的解梦。算命的一听，连拍大腿说："你还是回家吧。你想想，高墙上种菜不是白费劲吗？戴斗笠打雨伞不是多此一举吗？跟表妹躺在一张床上了，却背靠背，不是没戏吗？"秀才一听，心灰意冷，回店收拾包袱准备回家。店老板非常奇怪，问："不是明天才考试吗，今天你怎么就回乡了？"

秀才如此这般说了一番，店老板乐了："哟，我也会解梦的。我倒觉得，你这次一定要留下来。你想想，墙上种菜不是高中吗？戴斗笠打伞不是说明你这次有备无患吗？跟你表妹背靠背躺在床上，不是说明你翻身的时候就如愿了吗？"

秀才一听，更有道理，于是精神振奋地参加考试，居然中了个探花。

有一天慧能大师到一寺院里去，看见两位僧人在那里争论不休。他们看见风吹幡动，一个僧人说是风在动，另一位僧人说是幡在动，难以分出高低，慧能大师走过去说："不是风动，也不是幡动，是心在动。"

斑斓猛虎，威风八面；而肥蠢之猪，常入泥沼。依常之见，虎美猪丑。然虎猛伤人，其凶毕现，而猪肥入餐，食者大悦。美丑常瞬间生变。

正因为人有着区别于其他动物的高级的丰富意识，从而也产生了许多有别于其他动物的痛苦，动物绝不会为金钱而烦恼，而且在动物界根本没有金钱。而且意识思维现象越完善，痛苦也越多。植物无痛感，低等动物痛苦感微弱，高等动物痛感强烈，人的痛感达到顶峰。智力越发达，痛苦越多。正如歌德所讲："天才的命运注定是悲剧！"人自认为聪慧，表现得高傲，但一颗生机勃勃的心灵，又注定要为背弃它的肉体殉葬，再没有比这更让人感到屈辱了！万法由心造。如果拿获得橘子的心理过程来比喻人类的幸运，那么大一点的橘子酸，小一点的橘子甜。往往人的幸运的心态是，拿到大的橘子全抱怨酸，得到甜的橘子又抱怨小。倘若想自己获得幸运，就应该学会拿到小橘子庆幸它的甘甜，拿到酸的橘子庆幸它的个大。幸运与否也就在你的一念之间。

遇见，触摸不到的时空

1. 人类与三维场的"关系态"

人类生命离不开宇宙，更与自然密不可分。每个人又都是时间、空间、物质或能量的统一体。一定意义上讲，财富也是一种能量。它们的关系是：物质包含能量，能量为物质的运动提供驱动；时间和空间不是物质运动的条件，物质的运动先于时间和空间而存在，物质的运动产生时间和空间；时间和空间像一个容器，储藏"物质"，当然也包括财富的各种形态。

中国自古有盘古开天辟地一说，通常又把它作为神话来对待。而在这个时空中往往又通过我们的意识去体验其生命过程。时空，也就是我们的宇宙，宇宙由时空所构成，剩下的一部分意识就是我们的生命。

数千年以前，人类还未完全开化，搞不清意识、二次元或者DNA之类的东西，所以只好采用另外的人格化的办法来回答宇宙的起源，这就是盘古的来历。

我们每个生命到底与时空或能量包括同类有怎样的真实关联呢？

在传统文化中，做好任何事情都要讲究天时、地利、人和，也就是我们常说的生活在"三维空间"，这样我们每个人彼此之间有着一致和谐的相互关系非常重要。

我发现，在中医的历史传承中发挥着巨大作用的五行学说的"五"，就是源于"一"与"四"的组合。正像我们每个人的手指一样，只有特殊的大拇指方可与食指、中指、无名指、小指都能搭，且分别交互并出现四个情形，除拇指外，其余四个手指互相不可正面相搭与相互。虽是五指但也只有四个关系。即通俗地讲，任何一个事物或你本身与外界的关系仅限于四种关系，即你对它有利、不利，它对你有利、不利。或相生相克亦是。也就是，你自身若是一个主体为"O"，这样相生关系中，"生你"，对你有利的是A类；"你生"，你对它有利的是B类；相克关系中，"克你"，对你不利的是C类；"你克"，你对它不利的是D类。我们发现再没有其他情形，而世界上任何事物全是这样。

  人类作为这个世界上的生命，相对自己来讲，对应关系有人与人之间、人与地之间、人与天之间三种类型。天时、地利、人和。你能再想出第四种吗？不能！

  因为我们生存在一个三维世界，一是，把我们自身称为"O"，则与"天"的关系（天也可理解为时代、时间、时机）组合为：天有利于你、天不利于你、你有利于天、你不利于天，就是四种"关系态"；二是，我们"O"与"地"的关系（地也可以理解为空间、方位、环境）之间的有利、不利，同样也组合为四种"关系态"；三是我们"O"与"人"的关系（人也可以理解为他人、合作方、对手、投资对象）之间的有利、不利，同样也组合为四种"关系态"。这样天、地、人与你自身各有四种"关系态"，也就是共有十二种生命有利或不利的顺逆时空状态。而中国传统文化中的十二属相、西方十二星座学等中的"十二"也许是偶然的巧合吧。

万物生长也离不开"十二",包括粮食中常见品种玉米等作物,从耕种、发芽、生长、收获、静止、退化,都是遵循着自然界的二十四节气的十二周期。《灵枢·岁露》也称:"人与天地相参也,与日月相应。"所以古人又把"十二"看作天之大数,如一天有十二个时辰,一年有十二个月,自然的十二节气十二中气,一运有十二世,一代文明有十二会,都是以十二为一个周期。

而人体许多结构与十二数也密切相关,如人身分为十二部分,俗称十二属;大脑十二对脑神经;胸部十二对胸椎、十二对肋骨;脊髓十二节以及十二指肠等。实际上完全是人类生命体与自然时空中的相应表现。

2. 中心点不一定是空间最佳"外应点"

大家所说的堪舆学,实际上就是人类与时空之间的对应、相应的和谐、美观、协调的关系**就是人文环境与所在城市的"空间感"相融合、相呼应、相匹配**。重要标准就是:你的居所与整个城市空间布局的位置、形状、高矮是否一致,其与"平衡点"平衡度越高越好,而这个点不一定是"中心点",我们所居的那个位置,也不是左右或者上下距离相等那个中心点就是最佳的,也如心脏不在人体中心一样,必须与整体空间相匹配,且是最佳的外应状态,即按照以下三原则。

一是所居位置与所在城市的中轴线或地带相对应,或两旁或面向等,达到"致中和,天地位焉,万物育焉"。二是所居之室形状或走向与所处整体楼宇形状或走向相应,或一致或统一等。如办公楼长方形或椭圆形，而办公室也应一致。三是所居的屋宇与所在城市的行政方位相应。即某城市在地图上属西北方位，则你所居住的屋宇也在这个城市的西北方，或者在屋宇中看到外面的景观或形状恰巧西北方位也高大，这些就是相应。**也就是同自然环境的匹配度要高，这样和谐一致就是"好布局"**，多数人都觉得舒服。

3. 与时空的契合

正如我们度过每一年的"时间感"快慢与每个人年龄大小成正相关。**也就是"年龄越小其时间感越慢，年龄越大其时间感越快"**。年轻的时候感觉度过一年的时间觉得好慢，而随着年龄的增大又感到度过一年的时光又非常快。为什么？就是因为心理感受的"境"不一样了，"自我意识"改变了客观的时空。假如每个人寿命都是100岁，如果你只是10岁的幼童，剩余的寿命还有90年，这个时候若度过一年的时间，相当于之后寿命只是少了1/90；如果你今年已经60岁了，也是度过一年的时间，实际上相当于之后寿命就少了1/40。这样都是一年的光阴，前者只是少了1/90（0.011），而后者结果少了1/40

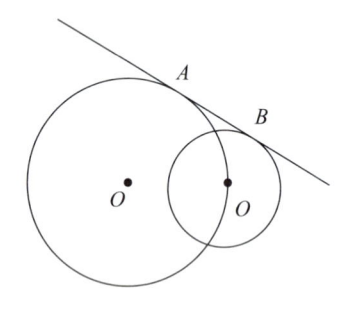

（0.025），都是度过了一年时间，减少的比例数，后者却比前者高出两倍还多，相当于后者虽然度过一年的时间，但心境感受与孩时时期相比，已度过了两年多的时光。因此年龄大的时候，肯定觉得度过一年的时间非常快。实际上外在的时间长度没有变，但是心境变了，其结果往往出人意料。

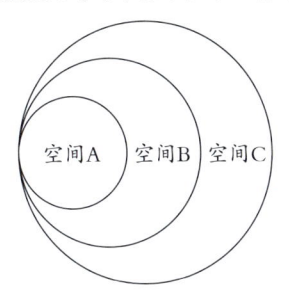

空间A　空间B　空间C

相反，我们行走的"空间感"距离长短与每个人年龄大小却又是负相关。也就是**"年龄越小其行走的空间距离感越长，年龄越大其行走的空间距离感越短"**。虽然空间距离或路程没有任何变化，但幼年时期感觉行走同样长的路程，再加上前边所讲的"年龄越小其时间感越慢"的原因，这样行走相同的路程觉得好长好远；而随着人们的年龄增大，又感到行走同样的路程，再加上"年龄越大其时间感越快"的原因，觉得不像孩时那样久远。人们的"心境"真的会改变这个对世界上真实时间与空间的感受。

如果大家发现自己前后各异的"时空感"，也许我们耳濡目染的时间或空间并不是真实的存在，只是大脑意识作用反射出来的虚拟世界。过去、现在、未来，只不过都是"意识"为自己创造出来的拟定好的虚拟现实存在而已。我们改变了自己的思维意识，其相对应的个人世界也会随之而改变。故而改变时间或空间，如量子实验中出现的不可思议现象：改变已发生的事情，不再是奢望和不可能。正如《金刚经》所讲：一切有为法，如梦幻泡影，如露亦如电，应作如是观。

我们如能穿透人性的影子，看到真实的自我，并且通过人类意识上的时空"穿越"，按照之后章节中所言，我探索出一些投资、交易与市场相互转化中的"意识能"，就能在全新的时间与空间，寻求未来一个人大脑或意识应该得到的非常契合的"对的直觉"，追求自己梦想的财富目标。

不关注「非有」，只能是心魔的俘虏

你不知道的，始终支配着你所知道的

疯狂就是「没落」的前兆

03 看到的"真相"，也许大多是假象

不关注"非有",只能是心魔的俘虏

贪婪和恐惧,是自己的"天敌"

一位投资大师曾经这样描述下跌行情:"先是一只动物受惊吓,感到恐惧,开始奔跑,接着其他动物跟着跑动,到最后整群动物向一个方向飞奔。"

如果你购买的产品或商品价格出现下跌,你感到非常恐惧,那么它可能会继续下跌!实际上,许多暴跌皆是投资者的心理因素造成的,并不是发生了本质的变化。同样,行情暴涨有时也不是你持有的商品出现了本质的变化。也许是人们牛眼看市、人心思涨造成的。这些现象很大程度上是由于非理性形成的谐振作用导致的结果,而且往往出乎人们的意料。

任何问题都会有积极的一面,都包含着创造辉煌的机会。北宋苏洵在其作《心术》中说:"泰山崩于前而色不变,麋鹿兴于左而目不瞬,然后可以制利害,可以待敌。"大意是说,即使泰山在面前崩塌也脸不变色,即使麋鹿在旁边起舞也不去看它一眼。这是说面对惊吓和引诱都要毫不动心。

一个人如果能做到这一点,那么当他投资某个商品时,不会觉得价格下跌有什么好害怕的,不觉得自己需要做出卖出的举动，相反持有它还感觉到很愉悦，相信自己投资的东西是对的，相信奇迹在自己身上会发生。这更有助于你看清形势，能够依据客观真相做出正确的决定。

无论什么原因，机会往往是跌出来的，危险却是涨出来的。当你发现手中的资产又大幅增值，觉得这个非常容易赚钱，实际上最可怕的时候很快就要到来。这时你觉得自己英明无比，别人都是一群蠢材。事实上，当你开始嘲笑别人那样做非常笨时，过不了多久，你自己必然也会那样笨。"五十步笑百步"这个典故流传至今，比喻现在的某些人嘲笑他人的不足或过失，却没有反思到自己也有这样的不足或过失，只是程度要比别人轻一些罢了。比如我们炒股，当与别人谈论股票时，甲股民讲：后悔死了，买了一只股票，挣了一倍的利润时没卖出，现在反而被套了一半。你往往心里想他为什么那么笨。没过多久，可能你就买了一只股票，上涨了许多时，你不仅没卖出，甚至比他还笨，等到它跌到历史最低点时把它卖掉了。市场推崇时，即诱惑你迫切想投资某一项目或产品时，正是别人将出逃的时候，而且你购买欲越强烈，对方急于卖出的意图也越强烈。

相反，当你发现你的某一项投资较大或购买的产品持有很多，但就是未按你的思维定式去"行走"，你越气愤、恼怒，甚至气急败坏，被折磨得寝食难安时，对手方可能就越高兴。当你终于不愿继续持有而退出，你就会发现没过多久它突然开始上升，再上升了。

可以说,在这个商品买卖的大市场中,那些没有"定力"的参与者可能永远觉得在面对一个充满"后悔"的世界,本应该已获得了较大利润时没有离场,结果又被市场无情地吞噬。为什么?因为人在骨子里贪婪地认为它还会产生更多利益。

在亚洲,有一种捉猴子的方法。聪明的捉猴人把椰子挖空,然后用绳子固定在树上或地上,椰子上留了一个小洞,洞里放了一些食物,洞口大小恰好只能让猴子空着"手"伸进去,而无法握着拳头缩出来。一切准备就绪,就等猴子落入陷阱。不久,猴子闻香而来,将它的"手"伸进去抓食物,理所当然地,紧握的拳头怎么也出不了洞口。此时,埋伏在附近的猎人,来到猴子面前,猴子惊慌失措,更是逃脱不掉。于是,猴子就被捉住了。猴子的糊涂是由于捉住食物"不放",它是被自己的贪婪所俘虏。其实,猴子只需将食物放掉就能缩回"手"来。可是它就是不愿意放下食物,这就是作茧自缚吧!

学会放下,让自己的心里感到轻松,并不是低头或失败，而是一种弹性的生存方式，是一种生活的艺术。

事实上，我们每个人都要学会放弃人生道路上遭遇的痛苦、孤独、寂寞、灾难等，让自己轻装前进。

放下是一种快乐，放下也是一种智慧。

有一个富翁背着许多金银财宝，到远处去寻找快乐。可是走过了千山万水，也未能寻找到快乐，于是他沮丧地坐在山道旁。

一个农夫背着一大捆柴草从山上走下来，富翁说："我是个令人羡慕的富翁。请问，为何没有快乐呢？"

农夫放下沉甸甸的柴草，舒心地揩着汗水："快乐也很简单，放下就是快乐呀！"

富翁顿时开悟：自己背负那么重的珠宝，老怕别人抢，总怕别人暗害，整日忧心忡忡，快乐从何而来？

于是富翁将珠宝、钱财赠予穷人，专做善事，慈悲为怀，这样快乐滋润了他的心灵，他也尝到了快乐的味道。

话说回来，任何对手最怕你不贪婪、不恐惧，因为过度的贪婪和恐惧不仅使你错上加错，更是战胜你的最好武器。

市场中的对手如果真的让你产生了恐惧感，肯定会对你起到不利作用。反之，你若心态平和，先让他们去厮杀——它们也总有累趴下的时候，到那时，你虽然只是弱小的代表，但也可毫不费力地战胜它，使自己成为真正的主角。

我们常常会陷入某种摆脱不掉的窘境，例如，你看好并购买了一只股票或其他交易品种，希望它马上飞涨，可是它却往往不会上涨，并且长期横盘，甚至下跌，然后击穿你的止损位；而当你按计划止损时，它却又会马上飞涨。碰到这种事，我们会说，下次等它回调再买入吧，于是你等着，可它却牛气十足，拒绝回调，于是你又一次感到失落。如此反复多次，你的信心开始动摇。你开始怀疑自己的技术水平太差，于是你拼命地学习，当学到了新的交易技巧后，你开始以为之前的失败全是因为操作技巧太差了。

于是你又信心十足地回到市场，可是好景不长，你又一次被套牢，此时主力不仅套牢你，而且还会充分利用市场上大众的恐惧心理逼迫你交出廉价的筹码。你20元买入，下跌到15元你不卖，再跌到10元你还不卖，8元、6元呢？你账上的市值难道要成为零吗？此时你真正感觉像进了地狱一般。而且，人在恐惧的时候，又往往会变得非常愚笨，这时你一定会做出错误的决定。投资如人生，只有经历震荡才能走向平和，只有经历亏钱或失败才能步入成熟。

实际市场上若出现过度恐慌的时候，正是赚钱的黄金时点。你本来手握着一只很好的品种，但市场偏偏不断地折磨或恐吓，逼迫你在迷茫中将能得到可观收益的投资交易在最低价位时拱手相让了。相反，在价格处于高位时，主力又会充分调动市场人士的贪婪心理，打开他们的想象空间。

选择投资品种也好比驯马，你骑上它后，开始的时候它是不会听你话的，它一路奔跑，忽快忽慢，时上时下，折腾得你非常沮丧方才罢休。但你只要不为所动，它定会不攻自破。当你要"割肉"卖出或没有赚到钱准备更换其他热点品种时，请你再等上三天，只要你能静心，一切干扰你的因素往往又会烟消云散。

人类为"肉身"之体，再加上超过其他动物的思维想象力，往往在不利的处境中更易出现错误的思想关联，并将表象引入与事实相悖的歧途。因为大多数人的贪婪始终难以满足，而且得到的越多，其欲望的级别越高、范围也越广。

而人类不仅有贪心、恐惧心作祟，嫉妒心、好奇心、完美心也常常存在于心念中，并随时作祟于你的心理并相互交替干扰。

如果你自己一个小投资获利1万元，别人炒期货却赚了100万元，由于贪婪心，你肯定不会有什么满足感。但是若大多数人亏了100万元，你反而很高兴，也会感到满足。事实上结果都一样，你始终是获利1万元，这又是人的自私、完美心作祟。由于上述各种心性在市场交易中的真实反映，我们发现再没有比证券市场、期货市场、外汇市场等更能颠倒上下与黑白的地方了。

那么，我们又如何不被其主力、庄家、对手的惯用武器战胜呢？那就要建议你学会：**在别人贪婪的时候恐惧，而在别人恐惧的时候贪婪。**

"眼见为实"可能是陷阱

很多人都知道这样一个故事，孔子的一位学生颜回在煮粥时，发现有土掉进锅里去了。他就连忙用汤勺把它捞起来，正想把它倒掉时，忽然想到，一粥一饭都来之不易啊，于是就把它吃了。恰巧这时孔子走进厨房，还以为颜回在偷食，就把他狠狠地教训了一顿。听过解释，孔子才恍然大悟。孔子非常感慨地说："我亲眼看见的事情也不确实，何况是道听途说的呢？"

人世间的许多真相，要用至真至诚的心灵才能体察得到，当放下自我执念的时候，识别真假的智慧才会自然而出。

我们之中的大多数人，在投资过程中会研究标的品种各种历史曲线图，但十有八九都会看错，因为其各种时间周期区间的成交量或交易额也有人为刻意的行为，如观察分时线实盘交易平台，买入盘和卖出盘数量有时可撤单转移，也有人用大量压单做出虚假的抛盘，这样，分时线上的诱多、诱空会让看盘者防不胜防。

所以，要想破解盘面分时线与日线骗线，你可考虑在某些热点板块已进入你视线之时，坚持在开市交易期间离开盘面，而只在闭市时看K线，了解每日变化最佳；每周末收盘后，再看周K线，掌握其价格的运行趋势是否改变。这就是以静制动的方法。特别是在你迫不及待想买入某一品种时，先看看，是不是心随物转，此时若能一反常态漠不关心，方可**如如不动，即见"如来"**。

自然而然的信息在人体生命活动中有着直接的显示，通常情况下都以最普通的姿态显现，因此我们要始终保持一种明了心、平静心、普通心。

蔡志忠先生曾讲:"要消除我们的无明,得从一切的'如实知'开始,如实知一切不是听别人所言,而是经过自己证实才去相信,就是像亲自见到一样。"我们只有用慧眼才能识别"以讹传讹、先入为主、人云亦云的虚拟的东西",从而通向真知之路。

老子认为无和有、虚和实之间存在一种辩证关系,有无相生,以无为本,而人们又可以从"有"中去体会和领略"无"的境界。好多根辐条凑到一根轴上,在轴头中间的空隙处穿进车轴,车轮中没有车毂的空隙,也就没有车的作用;揉捏黏土,制作陶器,陶器的虚空处才能盛东西,陶器没有中间的空处,也就失去了器皿的作用;房屋没有中间的空间,也就不可能称其为房屋了。车轮、陶器、房屋之所以有它们的价值和作用,主要在于无和虚。只有无和虚才能真正产生出有和实,也才能为吾所用。

在任何的投资领域中,绝不可完全依据所看到的表象,如财务报表、资产评估现状等采取相应的行动。因为当你看到时,它们已失去原有的作用了。实际上真正重要的大多是背后的因素,如管理团队的人品、诚信、公司的文化,以及对自己亲人朋友及员工的行为举止等。

20世纪80年代末,美国哈佛大学的心理学教授保罗·安德烈亚森在麻省理工学院商学院做了一个有趣的试验。

他把学生分成两组,让学生选择一只股票投资组合。第一组学生只能看到股票价格的变化,不知道股价涨跌的原因,必须依靠极其有限的信息做出交易决定。第二组学生却能够获得源源不断的财经信息,他们可以看CNBC(消费者新闻与商业频道)、读《华尔街日报》、咨询相关专家。

结果令安德烈亚森很是吃惊,信息较少组学生挣到的钱是信息较多组学生的2倍。因此他认为:"**信息丰富导致注意力贫乏。**"第二组学生因为接触的信息较多,知道的也多,于是更加频繁地买进、卖出股票,他们认为所有的信息都有助于他们预测市场行情,但是他们错了。实际上信息过多的危险并不局限于投资者。太多的信息会扰乱视听。当一个人的前额叶皮层负担过重时,他就不再能够理解情境,结果就会混淆"相关关系"和"因果关系",把理论建立在巧合之上。

据2012年西南财经大学和中国人民银行共同发布的《中国家庭金融调查报告》显示,在学历与股票市场参与率之间呈现显著的正相关关系。户主没有上过学的家庭股市参与率为0.47%,小学学历参与率为1.44%,初中学历参与率为4.9%,高中学历参与率为10.53%,中专学历参与率为17.61%,大专学历参与率为23.57%,大学本科学历参与率为30.66%,硕士研究生学历参与率为43.66%,博士研究生学历参与率为29.17%,可见户主学历基本同炒股兴趣成正比。但高学历却与炒股赚钱没有必然关系——没上过学炒股赢利的占33.33%,小学文化炒股赢利的占37.04%,初中文化的这一比例则为9.84%,中专或职高文化的比例为20.59%,大专或高职的比例为25.4%，大学本科的比例为19.31%，硕士研究生的比例为22.22%。

从对比数据看，小学文化的投资者或股民的赢利胜算反而明显超过研究生学历的投资者，这一结论立即在网上引起轩然大波。有投资者表示，小学文化炒股者赚钱的原因，是小学文化的股民可能更多做长线，买了就放在那里，所以有机会赚钱。而文化水平相对较高者得到的各种信息较多，容易受各种消息面影响，频繁交易，所以亏损得更多。此外，高学历者有个致命伤：太相信书本，忘了"尽信书则不如无书"的道理。

"非有"才是"妙有"

人在意识中念念不离对象，却将心的主观构想等同于客观实际，其实已经背离了事物的真实。

有一则寓言讲到有甲、乙两条鱼。

甲：老兄，听说有个水的世界，你去过那里吗？

乙：老弟，因为你幼小还不知道，我们这里就是水的世界，只是你熟视无睹罢了。

甲：那么除了水的世界之外还有什么好去处，可否领我去玩玩？

乙：据说还有个陆地，听长辈说那里不好玩，那里没水，没水喝什么？没水怎么游动？没水我们怎么呼吸？

甲：噢，我懂了，陆地上没有生命，也没有生活的基本条件，而没有生物就会是一片荒凉，对吗？

乙：思路很正确。

于是两个鱼兄弟高兴得摇头摆尾地吐出串串水泡泡。

在股市中征战，如果不懂得无为的道理就难有作为，投资的无为是有为的必需条件，先有无为然后才有有为。在这个充满风险的商品市场，有为与无为也是相互转换、相互依存的。如果说投资的无为就是留足现金去等待良机出现或"非有"的话，那么其有为就是已经投资入股或者进驻了某一产业，或购买了交易的品种，即"有"。而如果没有空仓持有现金，并等待适合的机会到来的过程，也就绝对不会得到最佳的时机，否则乱了节奏，做反了交易就真的成了"心魔"的俘虏。

而在这个"大鱼吃小鱼，小鱼吃虾米"的市场，有时候看到的不足，反而是真相；看到的圆满，反而是不圆满。

比如在股票市场中，某一时间内某个板块几个涨幅较大的股票中，发现某一只股票缺点很明显，或有诉讼未了，或股本相对较大，或业绩相对较差等，这些可能不是真相。实际上，瑕疵这么明显的股票放量上攻，肯定背后隐藏着不为人知的超常利好。"阴在阳之内，不在阳之对"，在兵法上指的是非常公开的事物表层下面，常常隐藏着非常机密的东西。这也就是"越危险的地方越安全，越安全的地方越危险"；或是"看似吃亏的事物后面，往往蕴藏着丰厚的利润"。因此，看到"好"的一面认为不好，看到"不好"的一面认为是好，反而可见到其中的"奥妙"。

有一个寓言故事，或许对我们的生活有所启示。

一个被劈去了一小片的圆，总想找回一个完整的自己，到处寻找自己的碎片。

由于它是不完整的，所以滚动得特别慢，反而领略了沿途美丽的风景，比如鲜花、野草、树林；它和虫子们聊天，充分享受到和煦的阳光。它找到许多不同的碎片，但都不是最初的那一块，于是它坚持着寻找——直到有一天，它终于实现了自己的心愿。

然而，作为一个完美无缺的圆，它滚动得实在太快了，错过了花开的时节，忽略了虫子。当它意识到这一切时，便毅然舍弃了历尽千辛万苦才找到的碎片。

正是失去，才令我们完整。

再比如说维纳斯像，具有独特艺术风格的缺陷美。平常人们追求的都是完整与圆满的美，而断臂的维纳斯却向人们展示了另一种美，一种让人浮想联翩的美。如果维纳斯拥有双臂，人们对它的完美只可欣赏、只可赞赏，却不能心存一丝的怀疑和联想。

只有接受不完美，才会完美；若只追求完美，本身就是不完美了。往往"弱者展示力量，掩饰弱点；伟大者展示弱点，就像展示饰品一样"。因此选择未来的品种与对象所依据特征应该是：**潜力的隐藏性、基本面的瑕疵性、大众的摒弃**

性。真正的实质内容始终是深藏不露的。而一些对未来很难造成实质性影响的缺点，又往往让大多数人可轻易了解到，大众往往会不看好它，不偏爱它。所以，我们也发现在市场上，利好出尽是利空，朦胧利好反而是最吸引人的题材。

有个人开了间点心铺，特意请一位书法名家为其题字。不过，名家在题写"点心铺"时，却把字写错了："点心铺"的"心"字少了中间一点。结果，过路的人看到错字后，就开始议论纷纷："什么名家，字都写错！"老板听到众人的议论后，就去找名家，想让他把"心"上的一点加上，但是好几次都被拒绝了。

老板不厌其烦地天天去找，终于有一天，被老板缠得无奈的名家抓过毛笔，补上了"心"字中间的那一点，老板心满意足地走了。

谁曾想，人潮不断的点心铺在加了这一点之后，生意竟然渐渐冷清了起来。老板百思不得其解，去请教名家，名家只说了一句话："心都点过了，谁还需要点心？"为什么错了的"心"会使点心铺生意兴隆，而改正后反而变得门庭冷落呢？这就是因为完美无瑕反而不吸引人了。

所以，不要只局限于关注已发现、已存在的事情，要学会摘下自己的"有色眼镜"，以无染的境界认知关注已有之外的"非有"的东西。"不着如风，无有障碍"，因为风不着相，故无障碍，这样也才可实现在任何投资的地方都眼明心静。

我们在企业管理中，也必须注重"无形"的与人性化的管理，所以也始终倡导：**管理是引导，不是控制**；无论是高管还是主管，无论是"大老总"还是"小员工"都是"店小二"，都必须弯下腰、笑开颜、跑起步。所有高管不仅带头抓"堵单""压单""扰单"，而且还要勇于当好"三员"，即保健员、疏通员、服务员，这样的企业管理也才是简约科学的。

你不知道的，始终支配着你所知道的

线性的东西不足以判断非线性的市场

人们一直在探索，如何在各种投资买卖、商品交易包括股票交易中高度随机的价格波动中，找到非随机的规律。也就是如何从个人被情感支配下的模糊的选择方式，转变为通过定量的数值来进行选择的科学方式。

但人们真的能够做到吗？往往这些交易过程与行为是非线性领域，在此，"科学"所处理不了的一个问题是：期望值的平均值跟平均值的期望值并不一样。要想用线性的东西判断非线性的市场，事实上很难。

不过，在交易行为中，这种定量的数值可借助心理的痛苦阈值来发现。例如，某交易品种买入后结果跌入谷底，往往是你最痛苦、最难熬的时候，一旦你越过这个阈值，市场的奇迹真的会出现。

人们选择投资与交易的思维方式，往往受先前结果与预设结果的影响。人的思维方式是由结果与规则决定的，你在选择买进某些交易品种，如股票A与股票B之前，发生过A股票下跌到5元时就会开始上升的情况，而B股票却没有，你的思维方式受到先前的结果的影响，会倾向购买A股票，但是往往事与愿违，这一次却和之前相反，A股票在5元时又下跌了许多。因此，若依据过去的结果来选择股票是非常可怕的。因为这是大多数人预先想到的结果，所以注定是错误的选择。

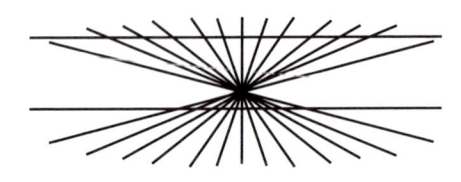

图中看起来是弯曲的两条线，实际上是直的。

而若依据规则选择股票又是一个陷阱，因为随着市场的变化，先前的规则一旦形成，很快会有新的规则出现。当多数人认可这个规则并依其行动时，肯定又是错误的决策。当然，从结果找原因，谁都能找到，事后诸葛亮嘛。

所以我们只能是**回头看时，后悔不已**，但在当时却极力欺骗自己。有人曾经说过，预测总是带有不确定性的特征，尤其是当我们预测的事物涉及未来的时候。在某些行为长期以来反复出现的某个独立的领域（比如说股票市场），我们可以通过对过去的研究，来获得预测未来的依据和基础，但各种投资或商品交易市场的大众心理博弈，却使得这种预测准确率大打折扣。

所以在市场行为上，出现的绝大多数理论，有一个共同点：事前或事中模糊，而事后聪明。那么，你在交易行为前知道假设发生错误，你的最大损失有多少，就可据此优化你的决策并消除干扰。

面对乱象，找结果当然非常困难，我们只有多选择一些方案。而要想筛选出最佳方案，只能比对，比对的参考物或标杆就显得非常重要。因此，寻找结果的钥匙就是找好标杆，而且是移动的标杆。标杆只能是运动的，而且又是未来的领头羊。所以，为什么大部分人会喜欢技术分析，这是因为技术分析的依据，一是历史会重演；二是价格会沿着趋势运动。但是当趋势转向盘整，或盘整转向趋势，或趋势变换为另一种趋势，我们常用的工具与方法就会在研究均线、缺口、支撑点时完全失效。我们的技术分析常用的线性分析趋势的方法，在遇到非线性的市场状态时，显得无能为力。所以，大多盘整行情中，投资者的亏损面和亏损次数会随着频繁交易而扩大，并且会跑输大盘。

技术分析还有"**一语成谶**"的特点：因为如果许多投资者把技术图形的释义都牢记于心时，常常会根据当时出现的图示不约而同地采取相应行动。于是乎每当图形发出"看涨"或"看跌"的信号时，买者或卖者就会迫不及待地一拥而上，结果真的就会产生"预言自我应验"的现象。从这个意义来说，技术分析的基础原来也是建立在逻辑思维之上的。

正由于技术分析特有的滞后性与反技术的欺骗性，你必须警惕起来。即使有时效果准确，我认为也是刚好巧合。标的品种的价格必然从某个点准确到达另一个点，这在逻辑上本身就是错误。技术图形确实能反映交易品种的走势变化与实际涨跌过程。但是技术派无论如何高明，他们始终是要用"线性"的东西，揭示其价格上升或下跌的"非线性"实际。因此，技术派永远不可能正确，即使有时吻合，也只限于某一时期。

特别是股市里的技术图形本应是客观数据的反映，但由于庄家骗线、高位钝化等制造出的假象，变得使人难以相信。本来真实的成交量，可以反映买卖度，也因有一个人控制多个账户进行"对倒"的造假，而使人难以相信。而且当你习惯于整理分析以往的K线，据此判断走势时，很多人在和你做同样的事情，实际上这样叠加后的强化结果，更加大了主力资金的对冲行为，而使你的分析结果完全失真。因此，**炒股最致命的就是完全依据技术指标去操作。**

技术派经常说的"顶背离""底背离"的现象，实际上是对线性的东西难以去衡量非线性的东西的有力证明。而股价、大盘走势的决定因素，是所有客观因素促成人们的心理反应并采取的行动。

在经济学家眼里，一年或几年为一个经济周期计算单元。经济基础的基本面决定货币的长期走势，货币的供需又决定了商品交易或股票价格的上下趋势，而这种长期趋势，又的确能在一段时间内导致市场中的非线性成为线性。本来客观的因素，被人的不同心理，如贪婪、恐惧、固执、犹豫等扭曲，所以，自始至终又是非线性的。因此，参与市场交易的大众最大悲剧就是：**自认为那些随机的东西大多在你的控制之内。**

良好的理论是去追求事物的本质，而不是在现象发生时替它去寻找原因。因为替过去的现象寻找原因，只能充分解释过去，并不一定能准确预测未来。未来与过去的关系，并非完全是线性的因果关系，时常出现非线性关系，很难做线性推理。因此，从现象来预测未来，时常不灵验。只有从现象中去探寻事物的本质，才能预知未来的可能变化。否则，在不确定的情况下进行交易的操作，将面临很大的风险。

美国物理学家惠勒曾说："基本的量子现象只有当它被观察时才是一个现象。"而量子物理学家则认为，世界根本不存在严格的决定论，也不存在一个确定的值，人们对事物的观察，永远是不准确的。例如，当人们要观察一个粒子的运行速度时，就无法知道它的质量；若知道质量的时候，就不知道速度。也就是人们永远不可能同时准确知道粒子的质量和速度，但是如果对其中的一个因素知道得越精确，则对另一个因素反而就知道得越不准确。这就是著名的"不确定性原理"。我们观察时，都会给观察对象一个力，最终会影响对象的状态。

所以，**"预测不准确定律"是最准确的定律**。正如一颗子弹如果射击出去，它的靶点往往不会是固定在一个点上，而是在一个范围之内，在这个范围内的变化又是不能确定的。

假如我们每个人对市场预测都是准确的，那就正如巴菲特所说：投资的现实结果就是"市场总是错的"！而在商品交易或股票市场，若市场总是有效的，则投资者就不会有那么多人能赚到钱，也不会有那么多人赔钱了。

假设某一期间市场上交易者有1万人，按涨跌判断对错各占一半，刚好有一半即5000人的"判断"与该交易品种本身的走势是相反的，而另5000人中，又有2500人买入或2500人卖出。虽然在这次交易中暂时操作正确，但没过多久又一种错误发生了。在其中2500人本来先期买入者是正确的，假如价格上涨了，卖出，之后发现又上涨了，又买入，但由于购买成本增高，同样的金额导致购入数量却"奇怪"地减少了。若市场平均价格上涨50%，且交易额始终没有萎缩（实际上，涨跌概率也是50%），则投资者平均持有的数量会减少33%。这样等于2500人中又有825人（或持有资金的份额）选择了错误的方向；而先期卖出者虽然是正确的，但也由于上述现象发生，又有825人（或持有资金的份额）实际结果也是选择了错误的方向。这就是大家经常讲的：赚了指数没赚钱或赔钱。实际上这一时间段里共有（825+825+5000=6650）人选择错误，即66.5%的人做出了错误的行为！

有一个故事，两位骑手比赛，看谁的马最慢，一时难以决出胜负。如何分出胜负的同时让两匹马跑起来呢？一个智者传授了妙计，果然两匹马跑得飞快。你猜如何？原来他让两个骑手交换了坐骑。因此，在各种交易市场，其价格不涨是因为大众分散的众多投资者没有与主力换位思考，而且这些分散的大众投资者参与持有的数量较多；一旦出现羊群效应，明显大量沽出后，紧接着价格肯定开始回升。**所以在各种商品交易市**

场或股票交易中合乎逻辑的正确应对比预测更重要。

不要做自己"成见"的囚徒

大家知道,在这个为了金钱而博弈的各交易市场,虽然"专业人士"获得的信息量,比非专业人士多了许多,但是这些信息大多已无价值可言了,因为它们早已体现在交易品种的价格之中,究竟何种程度的信息才是充分而且必要的呢?正如一张漂亮的地图终究也不会是它所描绘的地区本身一样,其各种被交易或买卖的品种信息在你大脑中的反映,终究不是客观存在的本身。

专业人士预测后往往在市场上公布于众,但他们的大多数建议一旦被采纳,市场则往往又会向相反的方向变化,何况一些主力与这些市场分析师"私下"达成的那些花样较多以及不断翻新的默契配合,更是让人们防不胜防。

特别是过去成功推荐品种或趋势研究、行业研究等稍有成就的分析师、评论家,并不意味着他们下次或这次推荐或者评论能如之前那样成功,当大多数人认可他们的买入或卖出,做多或做空建议时,你想想在这个少数人赚钱的市场中,难道"**多数人不可能赚钱**"的定律恰恰这一次会一反常态?所以,当你知道这个人是"股神""权威专家"的时候,让你失望的时候也就已经到了!

而且,专业人士大多数关注的是较为系统的东西,非专业人士根本不知道,甚至不懂得这些专业的东西,因此非专业人士去关注专业人士关注之外的"非有",反而更重要。

由于宇宙中"付出与回报成反比的"规律的作用,甚至非专业人士得到的回报反而比专业人士高许多。况且专业人士研究的成果一旦公布,主力资金往往又会利用它,进行反向操作,更使其"有用的价值性"大打折扣。

因此在任何交易市场中的预知,不是只靠单纯的计算或推导得来的,有时根本无法想象的预知,才是对未来事件真实的预知!从深度计算来说,商品或者股票交易市场远比起棋牌难度还要低许多。但是这种特征往往使得有较强的深度计算能力但缺乏广泛适应能力的人感到不知所措,这也是很多智商很高的知识分子以及最靠近市场的从业人员反倒不能从中取得很好战绩的原因之一。

正如美国财经作家约翰·特雷恩在《点石成金》一书中所说:"一个知道如何将铅变成黄金的人是不会为100美元的报酬而把这个秘密告诉你的。"何况为了金钱而来到市场的这些"专家"几乎全部免费咨询与分享其成果,当然,与市场上的"老千"也一样,一旦自认为是"神"而又被人们"神话"的时候,那就是很快要被市场吃掉的时候。

因此，大多数人越来越认为这些评论家是"黑嘴"，但实际上他们预测的价格上涨或下跌，大多时候也并没有什么内幕配合。因此，不要迷信什么"股神""评论家"，他们一旦形成自己的观点，就很难改变，因为每个专家都认为自己是理性的。他们当中的许多人已陷入了常见的思维陷阱，往往是先确定一个答案，再为这个答案寻找理由。正如美国加州大学伯克利分校的心理学家菲利普·泰洛克所说："许多专家是自己成见的囚徒。"在这个市场中常常出现这样的情景：如果他们的建议与市场相反，若预测上涨，但下跌开始，他们会美其名曰：主力震仓、打压吸筹；若预测下跌，但上涨开始，又谓之下跌中的小小反弹。总之，什么样的故事都能编出来。其实他们何尝不想预测得准确，好享受参加交易的人们狂热的"追捧"。所以，大多学有所成者为何成不了博弈的"宠儿"，而那些理论知识贫乏的人反而"一夜暴富"，其道理即在于此。因此，建议你大胆质疑专家的权威，因为往往有巨大影响的意外事件，他们根本无法预测。特别是你自己在某些方面本来比专家懂得还多，但却要付钱请他们为你"预测或推荐"以及采纳其投资建议，这也太滑稽了！

所以，在研究这个市场，**无论基本面掌握得多全面，还是技术面发掘得多完善，而真正能让你胜出，成为赚钱的少数人中的一员的决定因素，还是你的心理面。**

有时候，某些专家非常准确地预测了综合指数或某些方面的指标未来的走势，也预测了一些具体交易品种的涨跌结果，但后来的交易结果，却又完全背离了自己的预测。由于人的记忆遵从"遗忘规律",使得越远的事件对现在影响越小,无论这件事多么重要。特别是身在这个市场中,有时"分析"与"下单"往往是两回事。这是因为,一个人如果没有一个好的心理素质,即便有了正确判断分析市场的方法,最终在实际操作中又很容易被主观的一时冲动代替,不知不觉做出的交易结果与原来的初衷大相径庭。

乔治·索罗斯曾讲:"重要的不是你对市场的判断是否正确,而是你在判断正确的时候赚了多少钱,在判断错误的时候又少赔了多少钱。"

这个世界的不可知,始终支配着"可知"

《黑天鹅》一书的作者塔勒布提出:我们的世界是由极端、未知和非常不可能发生的(对我们现有的知识而言非常不可能发生的)事物主导的,而我们却一直把时间花在琐碎的事情上,只关注已知和重复发生的事物。他指出了研究"已知道的事件之外的事件"的重要性与科学意义。即提出了这样一种逻辑:**你不知道的事比你知道的事更有意义。**

而且,发生的事,往往你不知道为什么它会发生,而一旦你事先知道了它为什么发生,往往它偏又不会发生,这便是思维、心物的平衡理论作祟。

因此,**在商品、投资市场交易中,你要"与众不同"。**在大家冒险的时候,你要实行保守主义;在大家谨慎的时候,你则要冒险,不要担心人所共知的风险,而应担心那些鲜为人知的隐蔽风险。

举个简单例子，你一个人出门上街，偶然碰到一个熟人，表面看来这是一种偶然。但那个人本是要在那个时间也到你去的地方，实际上要碰到他就是一种必然了。在此，偶然就是由你的"不知道"决定的。相反，你如果事先设定上午要出门上街，想碰到某个熟人，但是你碰到的人中，熟悉的人也许有一些，而要说其中一定有这个人，恐怕概率又非常小。这就是你预先设想的那个人这一"可知"的因素难以支配不可知事件的发生。比如投资买入某一交易品种，当你预知将会上涨时，你方才买它，但在众多数量的投资者大量买入情形下，它下跌的概率从理论上讲应该是50%，而实际呢？我们曾对部分交易品种某一时期成交记录做过分析，发现他们买入之后，其下跌的概率反而大于75%。

相信大家对洛克菲勒都不陌生，他是美国实业家、超级资本家，美孚石油公司创办人，被誉为"石油大王"。如果洛克菲勒今天仍然健在，他的个人资产将是盖茨的数倍。其实他出生在一个贫民窟里，他和很多出生在贫民窟的孩子一样争强好胜，也喜欢玩、调皮甚至逃学。但和其他孩子不同的是，洛克菲勒从小就有一种善于发现财富的非凡眼光。他把一辆从街上捡来的玩具车修好，让同学们玩，然后向每个人收取0.5美分。结果一个星期之内，他竟然赚回一辆新的玩具车。老师深感惋惜地对他说："如果你出生在一个富人的家庭，你会成为一个出色的商人。但是，这对你来说已经是不可能的事了，你能成为街头商贩就不错了。"

洛克菲勒中学毕业后，正如他的老师所说，他真的成了一名商贩。他卖过电池、五金、柠檬水，每一样都经营得得心应手。与贫民窟的同龄人相比，他已经可以算得上出人头地了。几年后，洛克菲勒炒起了地皮，3年时间内就赚了2500万美元，从此开始发迹。洛克菲勒活了77岁，临死前，他让秘书在报纸上发布一条消息，说他即将去天堂，愿意给失去亲人的人带口信，每人收费100美元。这一荒唐的消息，引起了无数人的好奇心，结果他赚了10万美元。如果他在病床上多坚持几天，赚得肯定还会更多。

洛克菲勒的遗嘱也十分与众不同。他让秘书登了一则广告，说他是一位绅士，愿意和一位有教养的女士同卧一个墓穴。结果，一位贵妇人愿意出资5万美元和他一起长眠。

洛克菲勒的发迹和致富，在许多人的眼中一直都是个谜。解铃还须系铃人，他那别具匠心的碑文，也许概括了他不断在平凡中发现奇迹的传奇一生，也许能帮助不少人解开他的发迹和致富之谜——我们身边并不缺少财富，而是缺少发现财富的眼光。洛克菲勒很适合去投资交易，因为他别出心裁。

正如真正的数学家能理解完整性，真正的哲学家能理解不完整性一样，我们要在市场上把自己历练为真正的"哲学家"。因为做一名哲学家意味着通过思考可以弄清楚事情的来龙去脉，是先验的；而别人或大多数人们只能通过市场上频繁交易出现的错误、失算、后悔等行为，才能弄清楚或根本也弄不清楚事情的真相，是后验的。

所以在投资交易中，最高境界就是无招胜有招。身在复杂多变的交易市场绝不拘泥于固有的思维定式和僵化的流程规范，有时必须采取出其不意、有悖于常理的行为，也只有使用常人难以捉摸的方法，才能准确把握主力或庄家的思维轨迹与脉络。实际上，只有这种看似没有规则的套路，才能时刻面对现实，采取有效的应变之法。逆向思维方法就是大违常理，从反面探究和解决问题的方法。很多时候，对问题只从一个角度去想，很可能进入死胡同，因为事实也许存在完全相反的可能；有时，问题实在很棘手，从正面无法解决。这时，假如探寻逆向可能，反倒会有出乎意料的结果。

南唐后主李煜派博学善辩的徐铉作为使者到大宋进贡。按照惯例，大宋朝廷要派一名官员与使者入朝。但朝中大臣都认为自己辞令比不上徐铉，谁都不敢前往。宋太祖得知后，做了一个大大出乎众人意料的决定，命人写了十名目不识丁的侍卫的名字送进宫，他用笔随便圈了个名字，说："这人可以。"

在场的大臣都很吃惊，但谁都不敢提出异议，只好让这个还不明白是怎么回事的侍卫前去。

徐铉一见侍卫，便滔滔不绝地讲了起来，侍卫根本搭不上话，只好连连点头。徐铉见来人只知点头，猜不出他到底有多大能耐，只好硬着头皮继续讲。一连几天，侍卫还是不说话，徐铉也讲累了，于是也不再吭声。

这就是历史上有名的宋太祖以愚困智解难题的故事。

疯狂就是"没落"的前兆

致命的习惯和逻辑

从前有一头驴子,从小就在磨坊里拉磨,十几年如一日,勤勤恳恳。有一天,它终于老得拉不动了。但它劳苦功高,主人决定把它养到旷野之中,让它在绿草地里生活。但这头驴子从来没享受过蓝天下的自在生活,它已经失去了动物融入大自然的天生本领。在如此宽阔的草地上,这头驴子唯一能做的,还是在吃饱后,绕着一棵树不断地兜圈子,直到最后累死在这棵树下。

在投资交易市场中,经验主义比教条主义更加害人。

在这个市场里好多投资者或投机者,经过一段时间的实战,总认为自己掌握了买入、卖出或做多、做空的规律,事实上只要有交易的地方特别是关乎赚钱或输钱的场景下,始终是一个没有规律的市场。你若认为自己真的掌握了一些规律,并按这个规律到这个投资交易市场中进行操作,它会变成你在市场中最致命的弱点,过去的经验、习惯有时始终是行不通的,是你的大敌。

这些"规律"有时是人为刻意的结果。如主力吸筹时,

03 看到的『真相』，也许大多是假象

会让一只交易品种形成有规律的上下震荡，每一次冲高好像都是卖出机会。而当人们真的在一次逢高时卖出，主力或背后看不见的力量则突然通而吃之，单边上扬；有时单边上扬又是一个陷阱，主力或背后看不见的力量先让你觉得这个品种无论什么时候卖出都是错的，结果大多数跟进者最后被高位套牢；有时其价格又会突然回调，当多数人正在担心时，价格又创出新高，这样，大多数交易者又庆幸自己熟悉了它的脾气，又认为每一次回调都是买进的机会。真是这样吗？等你在下一次回调真的用全部现金买进，结果可想而知。所以，若其价格上升、下降，反复形成了一个市场认同的规律时，就会出现可怕的共振，这时有人就要被宰割了。

在市场的博弈中，其市场本身的运行，并不被规律左右，而运行的简单程度和持续的时间，完全决定于竞局参与者中较弱一方的智商，其对手智商越高，博傻的难度越大，这样运行也较复杂，持续时间也不会很长；而对手智商越低，博傻的难度越小，这样运行比较简单，持续时间也许较长，这时往往又容易显现一定的规律。博傻理论是指在资本市场中（如股票、期货市场），人们之所以完全不管某个东西的真实价值而愿意高价购买，是因为预期会有一些更大的笨蛋，花更高的价格从他们那儿买走。所以规律出现，或你认为看到了规律时，你一定离"博傻"也越来越近了。

《黑天鹅》的作者塔勒布把这种特定事件对总体的平均状态影响很小的现象称为"平均斯坦"。对应于平均斯坦，他又提出了"极端斯坦"这个术语来表示另一个与此对立的

世界。

在极端斯坦中，特定的事件将极大地影响总体的平均状态，或者说个体可轻易地以不成比例的方式影响整体。比如收入的平均量常常就来自极端斯坦，假如你挑选出1000个人，计算出他们的平均收入，然后加入一个新人。假设这个新人就是比尔·盖茨，那么我们就会发现平均收入发生了巨大的变化。因为，收入分布并不是正态的，那1000个人的财富仅占1%，而盖茨一个人的财富占了99%，这就是一个非常极端的分布。

比如说，过去100天所发生的事件，能够决定第101天发生的事件吗？这个问题正涉及"黑天鹅"之由来。中世纪的欧洲人所见到的天鹅都是白的，所以人们就简单地推测所有的天鹅都是白的。但是1647年，荷兰航海家在澳洲发现了黑天鹅，推翻了长期以来欧洲人的观念。过去不能证明未来，人们不能只靠过去的经验去判断未来。

当你根据过去的经验，发现有一个不错的投资品种只要一跌到十日均线就要上涨，你已连续三次用了少量资金买入，感觉赚钱很容易，但你非常后悔三次都没有将账户的钱全部投入去买进做多——千万不要为此后悔，觉得自己做错了，可能你这样做才是正确的。因为如果那个可投资买入的品种，第四次又回到十日均线的价格上，你一旦用账户上的全部资金买进它，我告诉你往往此次就会发生出乎你意料的事情：它不会像前三次那样如你所愿地上涨，而会一反常态地下跌。

我估计你始终不会想到，下跌正是因为你疯狂地全仓杀入造成的。你大概还在寻思是第四次买入时自己运气太差了，后悔没有在第一次、第二次、第三次全仓买入。事实上，如果你在第一次、第二次或第三次全仓买入，它仍会下跌，这就是"痛苦而可怕的真相"，所以你应该为你少量资金买入带来的利润满足，因为你所看到的价格一旦滑落到十日均线时就会上升，完全是一个错误的逻辑。

任何投资经验和原则都不是完全可靠的，哪怕是你自己的投资经验。市场是不断变化和无规则运转的，相信经验，无疑会受限于经验所带来的投资技巧和方向，最终将无法摆脱经验的束缚和困扰。假如你有一个很诚信的朋友，每次向你借钱都信守诺言，他连续三次甚至五次都按时归还借款，但我告诫你，即使这样，也不可相信他下次借钱后还会遵守承诺。

事实上，在投资交易市场中依照经验进行投资买卖，不但难以取得收益，往往还会带来损失。因为一旦投资者形成共有的经验，背后的主力很容易去反向利用和操纵，让投资者亏尽血本。而且由于赚钱方法的不断变异与不可逆性，过去正确的理论与成功的技巧不可能保证你未来一定获胜。

假如有一个投资赚钱的好方法，不管大多数人是采用它还是不采用它，我认为它都很难赚钱。一来投资交易或股票、期货交易市场是少数人赚钱的游戏，若多数人采用了这个方法，肯定就不灵验了，若灵验就出现了多数人赚钱的悖论；二来若多数人不愿意采用这个方法，证明它不会是个好方法。结论就是：**再好的方法也只能用一两次，再多就不灵**

验了。

　　交易中的输赢，一般不是规律在起作用，往往是心理气势决定一切。在市场中，你一旦找到了赚钱的交易方法，而且也赚到了许多，必须学会适可而止，必须坚决摒弃它。

　　正如我们在管理公司的时候，经过几年的努力发展，公司的经营业绩与成果引起大家关注与赞赏时，我们就要大胆提出"敢于否定昨天'对'的自己"，也是这个道理。

　　"应无所住而生其心"。进行思考不可先存自己的想法，应抛开原有的经验，选择一个全新的角度。因为市场也总是奖励那些能够不断创造独特又不易被人发现的方法的人。这种方法或许很简单，但是在应用中必须随时随地学会应变。

　　作为科技史上伟大的革新者，乔布斯曾说："活着就是为了改变世界。"改变世界，靠的是什么？是创新！创新，是乔布斯的灵魂。"领袖和跟风者的区别就在于创新"，乔布斯如是说。他的创新，没有单纯体现在技术，而是在人文关怀上，将技术与艺术嫁接，赋予科技产品以艺术灵性，而不再是冰冷技术的载体。他以他的天才创新向世人证明，设计精巧的感官产品的感染力超过了技术力量本身。专注于创新，不断推陈出新，这是苹果"一直被模仿，从未被超越"的根本原因，也是乔布斯被人景仰的最重要因素。人们常说要"活学活用"，不仅要活学，更重

要的是活用。马克思主义哲学理论指出：一切以时间、地点为转移。

所以，**不能只靠过去的经验去判断，习惯是致命的"毒药"，也不可用逻辑去推断，推断出来的结论往往是不可信的**。正如你每天用美味佳肴喂食火鸡，对于火鸡来讲，一天一天过去了，999天过去了，它习惯性地认为主人只要一来，肯定是给它喂食。但由此推断未来肯定是错的。感恩节到了，已是第1000天了，它又高兴地跑过来，结果这一天主人给它的不是美食，却是致命的一刀！

更为严重的是，虽然知道习惯可怕，但由于"意识复制"的特点，人们对习惯还是难以逾越。所以身陷股票市场中，最值得担心的，就是你认为过去那个原因必然导致特定结果发生，而后一旦那个原因出现，往往大脑中便会习惯性地以为又会出现同样的"结果"。下面的这个寓言或许能告诉你习惯的"致命性"。

某天，一只蝎子要过河，就对身边不远处的青蛙说："你过来，我有事跟你商量。"青蛙回答说："请说，我听得清。""我想到河对岸去，但我不会游泳，你背我过去吧。""背你过去不是问题，可我不会背你！""人们都说青蛙很仗义啊，怎么事到临头你却退缩了呢？"蝎子很是不解地问道。"不是这样。背别的小动物可以，只要我可以胜任，但是背你不成。""为什么？"蝎子接着问。"因为你有个毒钩子，如果我背你到河心，你蜇了我，我就要死翘翘了。"听了青蛙的话，蝎子哈哈大笑："你弱智啊，你背我到河中间时我蜇你，你死了我还能活吗？"青蛙一想也是，就背起了蝎子。当它们游到河心时，青蛙突然感到背上一阵撕心裂肺的疼痛，接着便四肢发麻。青蛙用最后的力气问道："你想自杀？"蝎子答道："谁想自杀啊？我蜇你完全是出于下意识。"说完，两个小家伙就都沉入了河底。

在这个故事里，青蛙开始是对蝎子保持警惕的。换言之，青蛙对蝎子的行为是有预见性的，它预测到了蝎子的行为将会导致的后果。但它放弃了正确的行动设想，错误地认为任何动物都会珍惜自己的生命——蝎子蜇我，它就会丧失生命，因此它不会蜇我。但它忘记了一条重要的规则：逻辑只适用于理性条件下，而下意识又往往能战胜理性。

以我们所处的这个宇宙为例，人的认知是有局限的，但我们最终不可避免地陷入这一状态，即只要逻辑推断是合理的，就会被认为是可行的。

我们的众多投资者何尝不是如此，每次交易指令的发出，大多不是有计划的管理，而是非逻辑性的一时冲动。计划中不听小道消息，可一听到又神魂颠倒；计划按止损价止损，结果舍不得"割一点儿肉"；计划不去碰价格较高的交易品种，结果仍控制不住上涨赚钱的诱惑。

天下没有免费的"午餐"

有人曾问经济学大师弗里德曼，经济学中最重要的原理是什么。他的回答就一句话：天下没有免费的"午餐"。

不该得的福分、从天而降的意外之财，即使不是上天故意诱惑你，也肯定是让你上钩的机关或陷阱。如果不睁大眼睛，就很难逃过这些诈术和圈套，上当受骗。

几百年前，一个老国王交给他最聪明的臣子一个任务："你去给我编一本书，叫《各时代的智慧录》，以传给我们的子孙。"

这个臣子接到任务之后，就带着一批人去编书了。他花费了很长时间，整整编写了十二卷，几百万字。老国王看到他编好的书说："我相信这是各时代的智慧结晶，但是它太厚了，我怕后人不能认真地看完，最好把它浓缩一下。"

臣子又精简了很多，最后将十二部书精简到一卷。但是，国王还是认为有些长，又命令臣子去压缩。臣子无奈，又把这卷书浓缩到了一篇文章。老国王还是觉得有些长。臣子不得不又进行浓缩，把一篇文章浓缩到一页，后来又把一页浓缩到一段，最终，浓缩到一句话。

老国王看到这句话，十分高兴："各位爱卿，这可是各时代的结晶啊！只要大家抓住了这句话，所有的问题都迎刃而解了。"

这句经过千锤百炼的话，就是——天下没有免费的午餐！

磕磕绊绊成长到现在，许多骗子给善良的人们上过昂贵的"人生课"，这些都是血泪经验。我们要牢牢记住一个信条——天上不会掉馅饼，世界上没有免费的午餐！如果不是互有利益关系，谁也没有义务为你提供免费的午餐，就好像糖衣炮弹，蜜糖下包裹的可能是致命的毒药。

在股票市场交易中，一时的顺利会让你自以为运气颇佳，但是一个真理是：**股票市场没有任何礼物**。如果你认为在一笔交易中很幸运，通常这可能是不幸运的开始。当你幸运地得到某种你认为不应该轻易得到的东西时，你就必须提高警惕。

例如你买入股票时，成交价竟然低于委托价格或以当时的市价成交，这也许意味着对手方非常想要卖出这只股票，以致他们愿意低价卖出。如果你卖出股票时的成交价竟然高于委托价格或以当时的市价成交，这又意味着对手方是多么渴望得到这只股票，以致他们很愿意为它付出更高的成本。所以，在每

一件事情都正确的时候,你应该提高警惕。因为巅峰时刻总是短暂的,之后必然是一路下坡。失败是股票交易中必然存在的一部分,大的成功之后也可能是大的失败。

股市是有攻击性的,所谓攻击性,就是攻击人的弱点的特性,也就是说,在攻击性强的博弈中,不管你选择什么对策,对方总是会选择对你最不利的一招。当你满仓买入股票时,市场对你最不利的一招就是下跌;当你空仓时,市场对你最不利的一招就是上涨。大多时候走势专跟你的操作作对。那么股市作为零和竞局,攻击性又是怎样体现的呢?它体现在股价未来涨跌概率的微小变化上,也就是说,股市的攻击性和概率性相结合,攻击性掩藏在股市概率性的背后。所以,我们千万不可买入下降趋势的股票,越下跌越加仓是极为错误的行为。特别是交易额小但价格回落,这预示价格会继续下跌,也证明股票没有向大户流入。

每个人进行操作后,粗看起来,似乎对市场没有什么影响,股价仍然像原来一样涨涨跌跌。其实,涨涨跌跌的概率在操作前后已经发生了变化,每个人的操作都会对未来的涨跌概率造成影响。简言之:"你一买,股票就不爱涨而是爱跌了;你一卖,股票就又开始涨了。"这是因为,市场筹码是固定的,散户持仓越多,主力持仓就会越少,主力派发的节律也会越来越快。这样,因主力派发,股价下跌的概率当然会越来越大。

从博弈的角度分析,庄家只有收集到足够的筹码才会开始拉抬。你买了几股,市场上就少了你的这几股,使庄家收集变得更困难些，这样就会推迟他的拉抬。这个时候影响力的大小会视你持有的仓位多少不同而定，你的仓位越大，对市场的影响越大，买入以后上涨的概率就越小。一般来讲，买入股票上涨与下跌的概率应各为50%，而一旦仓位超过你自己账户资金的一半，则上涨概率会大幅下降。

当然，散户对市场的影响力是很小的，由一点点仓位造成的股票上涨概率变小也是微不足道的，但不管有多小，市场一定会体现出来。特别是散户之间形成的合力，更是难以想象，而主力却完全能感受得到。所以，市场就是在跟每个人作对，只不过这种作对不是直接和明显的，而是隐藏在概率背后，体现在涨跌概率的微小变化上，使人不易察觉。但用统计学的观点来分析，则总体将有75%的时候是会直接和投资者作对的。

有时主力为了很好地吃掉你，在少数时候，会让你小吃它一口，只是为了把你养得更肥大而已。

疯狂，就是"没落"的前兆

日中则昃，月盈则亏，
水满则溢，器满则倾。
旺极而衰，衰极而旺，
循环往复，无始无终。

正如前面所讲，投资交易的商品、买卖的产品以至股票、期货价格的上涨或下跌，均似阴阳，若价格向上，如阳性向外拓展，而成交量亦跟着放大；若价格向下，如阴性向内收缩，成交量随之内敛，这种情形就预示走势较佳；若价格向上突破，而成交量反而未见放出，或价格向下，而成交量也跟着放大，沽空者增大，主力做空，是真的向下，这就是价量之间的相互配合。

无论多好的交易品种，成交量不与之配合或与之背离都不是好的走势。因此，价格快速上涨的"兴奋"就是下跌的前兆，而成交量出现"兴奋"而急速放大又是股票走势拐点的前兆。例如，在股票交易过程中，任何单个股票出现快速上涨后，通常都会伴随成交量的大幅增加，这就预示着行情暂告一段落，之后股价就会伴随成交量放大而急跌。因为此时有人疯狂地买进，过不了多久又会疯狂地卖出。如果出现次级反弹而成交量却缩小，就预示股票只是创下了最后一个高位，主趋势将会反转向下。如果一只股票在到达第二个较低点位的顶部，以后股价一段时间里在很小的范围内横盘运动，此时若出现成交量突然放大，则股价将进一步下跌。

前面曾解读过自然水之道，水是至柔的，这种柔会聚集巨大的能量。而洪水也是阴柔的，但它同时也非常阳刚。我们做事要懂得"以阴柔为阳刚"，也就可以强壮如水，坚硬如水。水是坚硬的，因为它足以摧毁一切，因此老子指出人必须"上善若水"，意思是人的品性要像水一样。主要是像水的流动，像水的涓流成河、百川归海，像水的目标清晰，往既定的方向流去。我们做事当如水，曲折而坚定地奔向既定的目标。

而市场交易之道，刚者易折，唯有至阴至柔，方可纵横市场。"水满则溢，月满则亏"的道理，几乎人人能懂，但做起来就不容易了。明知饭吃七分饱为好，但是面对满桌佳肴，就会忘记一切地敞开肚皮吃。过度、满溢是为"盈"。骄傲、自满、自大也是"盈"。持"盈"的结果将不免有倾覆之祸。一个人在功成名就之后，只有"身退"才是久长之道。何为"身退"？不是隐形匿迹，而是不把持，不占有，不露锋芒，不咄咄逼人。

任何品种的价格上升态势，若缓慢推升，反而上涨时间会长，若突然猛涨，必须小心。崩盘通常以暴涨为前导，而暴涨又往往是以崩盘收场。这也完全是自然界的现象。正如为什么主力资金喜欢把冷门的品种或板块由冷炒热后赚钱退出；散户资金却又往往喜欢买入当前最热门的品种与板块，然后由热紧紧握到较冷时赔钱退出。实际上，最兴奋的时候，就是很快退潮的时候。**"天欲其亡，必令其狂；英雄之道，先狂后亡。"**

有人形象地讲：从帝国大厦的第一层走到顶楼，要一个小时。但是从楼顶跃身跳下，或许只要30秒就可以回到楼底。因此，在交易中，永远有你想象不到的事情，会让你很快发生亏损。特别是当你赚钱很容易的时候，你会放松警惕、忽视风险，也许用不了几个交易日就能吞噬你几个月甚至几年所获取的利润。

因此，判断需不需要止损的最简单的方法，就是问自己一个问题：假设现在还没有建仓，是否仍愿意在此价位买入。答案如果是否定，马上卖出，毫不犹豫。在任何投资的市场，包括资本市场、商品流通市场以及艺术品市场等的博弈中，你可以被市场打败，但千万不能被市场消灭。这个时候，正如箭在弦上，当你往上射时，弦必须往下压；当你往下射时，弦必须往上拉。在行情往下探时，心境要往上拉，如此才能逢低承接；当行情往上放量大涨时，心境要往下压，如此才能逢高获利。

实际上在判断顶部或相对高位时，正如你心理曲线正处于抛物线上升之中，但终究又会以下跌收场。**而它来临的信号，就是让你兴奋不已的交易。**

在这些市场交易中，因相互模仿与感染，极易出现"羊群效应"，而主力资金往往又利用人性的这一特征。所以我们必须清醒地认识到，当市场上人气沸腾，投资热情高涨，价格偏离价值加速上扬，可谓鸡犬升天，参与者数量屡创新高，人们都为之欢呼、兴奋时，实际上大调整将悄然而至。你就得果断退出，跑步离场，不用再管它还会继续涨多少。特别是当又出现利好消息时，往往就是主力资金"暗度陈仓"，借利好出货或卖空开仓的时候。而当价格特别便宜，又无人问津时，就连大多数评论家、观察员、研究专家也一致出现悲观情绪、行情接近谷底的时候,你应该敢于买进,不用再考虑它是否还会跌多少,这个时候逆向思维就显得尤为重要。

而我们做人做事,更是这样。千万不要狂妄自大,不要目中无人。"满招损,谦受益"就是这个道理。做人做事首先要低调,不要太过嚣张,要知道过刚易折的道理,成熟的麦穗都会弯下腰,真正成熟的人也会隐藏起自己的锋芒,只有那些愚蠢的人才会锋芒毕露,不懂得隐忍。

商机信息不对称的博弈

庄家就是『卖辣椒』的老妇

赚钱不能迷信专家、规律和常理

04 摸清"对手"的底牌

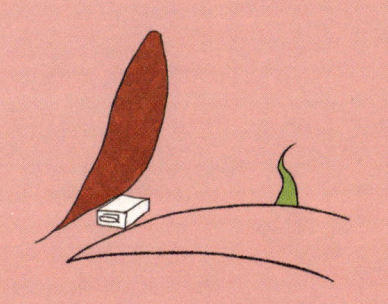

L

商机 信息不对称的博弈

突破感知信息的迷雾

《荀子·大略》讲："流丸止于瓯臾，流言止于智者。"没有根据的话，传到有头脑的人那里就不会再流传了。

《论语》里面写道："道听而途说，德之弃也。"两千多年前孔子就旗帜鲜明地反对道听途说、以讹传讹，认为这是背离道德的缺德行为。

在如今现实生活中，由于"自媒体时代"的到来，随处可见靠传播小道消息赚钱的人，他们是"路边社"的"新闻发言人"，无偿而廉价地为他人服务，甚至有些人靠这些小道消息去中伤和诬陷他人，真是可耻又可恨。

有一次，有人问苏格拉底："苏格拉底先生，你可曾听说……"

"且慢，朋友，"苏格拉底立即打断了他的话，"你是否确知你要告诉我的话全部都是真的？"

"那倒不，我只是听人说的。"

"原来如此，那你就不必讲给我听了，除非那是件好事。请问你讲的那件事是不是好事呢?"

"恰恰相反!"

"噢,那么也许我有知道的必要,这样也好防止贻害他人。"

"嗯,那倒也不是。"

"那么,好啦!"苏格拉底最后说道,"让我们把这件事忘却吧!人生中有那么多有价值的事情,我们没有功夫理会这既不真又不好,而且没有必要知道的事情。"

苏格拉底不愧是哲人。他在听别人说时,首先考虑的是有没有必要去听。没有价值的话,他才不浪费时间让耳朵受罪呢。"以讹传讹",这也是我国古代流传下来的老话,就是把本来就不正确的话又错误地传出去,越传越错。现实中有不少这样以讹传讹的事情。往远了说,在我国古代,就有这样一件事:

曾子是孔子的徒弟,是一个像孔老先生一样仁德的人。他的母亲也很贤良淑惠。

有一天,曾子的母亲在家织布,忽然有一个邻居跑来对她说:"你的孩子杀人了!"

起初曾子的母亲不相信,后来又来了几个人对她说:"你的孩子杀人了!"

曾子的母亲就慌了,忙问曾子:"孩儿啊,你是不是真的杀了人啊?"

曾子笑道:"母亲,我没有啊!"

后来才知道,原来是一个和曾子同名同姓的人杀了人。

由此可见,以讹传讹对别人的伤害有多么大,又是多么容易取得别人的信任,连曾子的母亲都骗到了。

凡事都要深入调查,不可道听途说。

在我们介入的任何投资市场中,更是如此,需要自己去甄别那些小道消息,去伪存真,去粗取精,最终赢得真实可靠的商业机会。特别是我们介入一些品种或博取市场利润时,往往也会遇到"弱有效"的市场,因为一些商品信息能直接影响其交易价格,如产量增减,消费需求,库存变化等,但其影响是有限的,甚至是相反的,所以最多也是弱有效的。如果是强有效的市场,也就是所有信息能准确反映现在市场的价格,市场也就失去诱惑力了,也就没有人愿意参与投资或者买卖了。

正如数学家路易斯·巴舍利耶提到过的市场有效性的假说:"在一个有效的市场里,众多聪明的参与者之间的竞争会导致这样一种情况出现,不论何时,实际价格既是对已经发生事情的反映,又是对市场期望将来发生的事情的效果的反映。"

技术分析	基本信息	资金供求
零或低有效性	适度的有效性	高度有效性

股市中股票价格上涨或下跌往往和交易的资金供求方的关联性最大,和上市公司的基本信息的关联次之,和技术分析的相关性最小。

所以无效市场理论认为人的认知并不能达到完美，只要有认识肯定伴随着缺陷或是歪曲的，人们依靠自己的认识对市场进行预期，并与影响价格的内在规律价值规律相互作用，甚至市场的走势操纵了需求和供给的发展，这样他就得到了这样一个结论，我们所要对付的市场并不是理性的，是一个无效市场。所以市场的有效也是相对不稳定的，或者说市场有的时候会无效。因为市场离不开人的行为，人的心理是最难度量的。有的人愿意以100元获得1元的利润，有的人愿意用10元获得2元的利润，每个人的需求逻辑是不一样，所以导致每个人对于现在市场的看法不一样，有的人会认为高，有的人会认为低，并且又伴随前面曾提到的人性的恐惧与贪婪，更让这个市场缺少有效性。少数人认为市场是愚蠢的，经常会犯"错误"，所以只要我们适当利用这个"错误"就能够获得超额的利润。根本不要花那么多的人力物力去追求完美的信息，只要利用别人的愚蠢，来获得利润。所以这些人对于技术派和基本面派几乎不去关心，认为市场是无效的。所以任何基于此的技术分析、基本分析显得毫无意义。

鉴于以上认识，我们认为对任何市场应该是基础分析与技术分析共同配合，才将是最佳模式。

一是有关信息的传播不可能在众多投资者中瞬间完成，比如重组题材的当事人或中介，往往会先于媒体和一般投资者获知信息；二是信息在传播中往往会失真，加上人为恶意散布的虚假信息，更是如此；三是市场机制的不协调、不同步性，当某一商品价格对信息做出延迟反应或过度反应时，市场就已经表现出一定程度的无效性；四是不同层次的投资人对于信息产生完全不同的反应，比如一家上市公司预亏，有人认为预亏了，其价格可能较低应是投入抄底的机会，有人却认为公司亏损了，不会赚钱，应该远离为好。

正是这样的特征决定了这个市场"直接的强有效是不可能的"。关键是你不仅得明白自己如何利用得到的信息，更重要的是弄明白对手特别是主力如何利用。

好比我们学习时，一天掌握一个定理，一天学到一个规律，一天获得一个技巧。实际上这些规律、定理、技巧就是给你的思维捆上的绳索，更何况这些低度有效的信息？实际上市场的每一次变化的背后，都是我们看不到的一些有效的东西在发生作用。如果谁能提前掌握这些东西，当然就可准确地把握市场的节律。但是靠已知的信息、靠已有的思维推断其结果往往有很大偏差，甚至可能得到相反的结论。

现今社会，获取信息的方式越来越多，越来越容易，很多成功人士的成功方法也被公之于众。人们有了很多选择，但这并不是一个好的消息，因为很多人会在选择之中迷失自己，不知道自己究竟想干什么，不到迫不得已，他不会做出选择，他希望能够多方出击，但是每一个出击都没有办法全力以赴。

有一匹马以前没有草吃的时候，靠着自己顽强的生命力活了下来。后来有人送给它两堆草，但是这匹马却饿死了，原因是它不知道该吃哪一堆，在选择中异常矛盾而死掉了。

这个故事虽然有点夸张，但是确实反映了当今社会的一些普遍现象。确实有很多人很有志向，他们树立了很多的目标，他们既想成为这个，又想成为那个，但他们没有考虑到自己一生的时间其实是很有限的，在不断地选择中浪费了光阴，到死的时候也没有明白自己该做什么，自然也就一事无成。

准确信息一旦被多数人拥有，可能是"最可怕"的信息

资本市场可能也是谣言最集中的地方。因为，资本市场里每天都在博傻。博傻理论告诉人们的最重要的一个道理，就是在这个市场中，傻不可怕，可怕的是做了最后一个"傻子"。在资本市场，如果你每听到一次传言，就要买进或卖出，那再多的钱也不够你去赔进去。即使多数人拥有了准确信息，如市场的主力持有某商品的筹码太多急于出手时，宏观数据或者某商品的看涨因素对外公布均支持多头，但这时候主力持有者就是要利用它作为沽售的机会，而那些大量吸纳了主力抛出的筹码，最终又因主力撤退，其价格反而逐级滑落。这样，准确的信息反而成为你亏损的直接原因。

正因如此，某一可交易商品会产生极大利好影响的信息出现时，一些高手却总是在"传闻时买入，新闻时卖出"。反之，某一可交易商品会产生极大利空影响的信息出现时，他们又总是在"传闻时卖出，新闻时买入"。

有句话很形象：**若跟着报纸上的信息来交易，最终下场就是去卖报纸**。当媒体的观点都一边倒时，你必须冷静地站到他们的对立面去。因为准确信息一旦被多数人拥有时，实际上就变成了"最可怕的信息"，此时必须"小心"。**在资本市场**

更是残酷，要让傻瓜破产，给他们更多信息即可！

在股市里也是这样，当你听到某只股票即将大涨的所谓内幕消息，发现周围的许多人也在嘀咕着相似的内容，那么这个内幕消息十有八九是被故意传播出来的虚假信息。

之所以称为"博傻"，就是因为在资本市场上，一些投资者根本就不在乎股票的理论价格和内在价值，他们购入股票的依据就是，相信总会有更傻的人以更高的价格从他们手中接过"烫山芋"。而由于信息不对称，股民相互之间就出现了对未来判断的不一致和不同步，对于任何消息，总是有人过于乐观，有人又过于悲观，有人过早采取行动，而有人行动迟缓，从而产生了博傻现象。所以有利好不一定涨，关键看主力资金如何利用它；有利空不一定跌，还要看有没有人利用它去吸足筹码。人们操作的非理性，反过来又使这些信息更为混乱，计算预期的结果也更为不确定。正由于多种因素交互作用，才导致只要市场存在，博弈的好戏就会一直"表演"。所以千万不要以为自己可以了解这个市场，因为概率就是随机的，随机就有"赌"的成分存在。

但是，资本市场庄家或主力之所以善赢，是因为能从随机中利用先于大众得到的各种信息，发现或掌握大众群体行为的特征。但对于整体而言，谁也不可能做到全知全能。当然在这个市场上，如果没有普通大众参与，这台戏也是绝对唱不下去的。在市场中正因为有了看多、看空的意见分歧，才有了每笔交易价格与成交；如果人人都能预测准确，知道下一步是涨还是跌，也就不会出现交易了，就不会有那么多人以投机的方式参与其中而"以苦为乐"了。

这种具有"迷人魅力"的各种交易市场为什么会经久不衰呢？

一是因为人们对于世界的理解总是不完善的，因此预测也总是不准的；二是由于行业的多群体、多层次、多事件、非线性和时变动态本质，使得在市场中没有通用的预测模型，总是要寻找新的预测模型；三是因为人们的预测大多时候是预测其交易品种的价格，但身在市场中，总是会受到市场氛围的左右，决策行为是对一切信息的消化的结果；四是因为这些信息与获得信息的方法不可以共享。正是由于价格上涨与下跌的随机性与对错各占一半的概率性，肯定在一定数量的人群中，有人会连续十天能猜对每日涨跌。假如第一天晚上请100个人预测第二天某一品种的价格涨跌，每天分成两组，看涨看跌各占一半，第二天闭市后有50人预测对了；再请预测对的50个人分成两组，预测第三天同一品种价格的涨跌，第三天闭市后果然有25人又预测对了；依此类推，有一个人竟然会连续十天时间天天能预测对。实际上这是个概率，因只有涨跌两种情况，对错理论上也是各占一半，即便能连续预测准确也是随机的，这种预测也没有任何价值。

所有市场短期内或者一段时间内往往是没有规律可循的，它永远是千变万化的。若有人夸耀自己能够每次都准确预测出某一品种的涨跌，那他一定是个"骗子"。

赢家，善于制造不对称的博弈

交易市场上，正因为信息不对称才出现交易与博弈，而且博弈又分为两大类别：即信息完美博弈和信息不完美博弈。

如下棋，双方对盘面上的局势一目了然，竞局过程的信息完全透明，这是典型的信息完美博弈。但也有一些竞局在进行过程中，各方并不完全了解其他方的选择，各方的状态对彼此来说是不透明的。如各种牌类，从桥牌到麻将，庄家与玩家会重新洗牌，所掷的骰子也是随机的，信息的获取几乎是同一时间，没有拿牌前，谁也不知道自己会拿到什么牌。各方都不知道别人手里是什么牌，这就是信息不完美博弈。现在的证券交易市场、期货交易市场、债券交易市场、黄金交易市场、外汇市场等不仅是典型的信息不完美博弈，也是信息不对称的博弈。在这些投资交易市场，由于每个投资者的身份、智商、手段不同，必然造成获得信息的完全不对称现象。例如，有些人能通过自己的职业身份获取其他人所得不到的信息。像大机构的持仓情况信息、存量资金的统计信息等是不公开发布的，但有些人就能获取。有些人掌握了比较快捷的传递通道，可以更快地获取市场公开的信息。

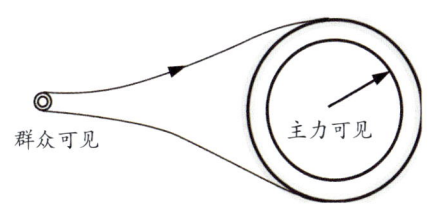

市场上绝大多数投资者在信息占有方面处于最底层，大

多数人不仅不能优于他人得到信息，甚至连公开信息都无法有效利用。所以，这些交易市场上也形成了信息不对称的博弈。

在博弈中，更多的是围绕信息的博弈。首先得到大众未知的信息或能准确预知的人往往能胜出，但是当信息已公布于众，人人均在同等条件下获得了信息时，这种博弈便宣告结束了。还有一种情况，如果一方信息不对称时获得了相反信息，反而又会让信息劣势一方胜出。信息占有少的一方，必须采取保守的策略，最好待在一个安全的位置不动，没有十分的把握不可轻易出手，出手后一旦对未来的变化看不清楚，就要立刻撤回到安全位置。也就是说，要随时处在一个既安全又可以随时出击的位置，就是持币不动。此时没有人能赚走你的钱，而你却可以随时出击。所以，散户最正确的策略应该是持币为主，看准机会方可再出手，一旦局势不明确就立刻撤出，等待下一次机会。但这种机会不是谁都能把握好的，因此，散户可能会错失赚钱的机会，即使再出手也常常只能一小段时间吃到，大段的空间是被轧空的。所以对于散户来说，被轧空其实是很正常的，因为对散户来说，由于缺乏足够的信息做分析，买卖的品种涨跌是较难判断出来的，赚钱机会也较难把握。既然不可把握，那就不必为错过和失去赚钱的机会而后悔。

事实上，假设投资者是非理性的，而本身投资的品种价值是理性的，但是由于投资者有限度的理性和资金实力的限制，在这些交易市场上只能随波逐流，所以很容易受到市场价格波动的影响和各种情绪的干扰，从而产生羊群效应，促使其买卖的品种产生错误的价格定位，最终使投资者像身陷赌场一样做出非理性的博弈行为。散户在别人获利的驱使下，更喜欢非理性的冒险行为，最后又必然输给有实力的对手方。

赌场中庄家与玩家获取的信息是对称的，而**我们所处的交易市场却是庄家"制造"不对称的"博弈"**。由于占有信息不同，博弈各方所采取的策略当然也不同。信息占有较多的一方，可能会采取一些冒险的行动，因为对手掌握的信息较少，他们发生错误的概率大得多，即使自己做出了错误操作，因获得信息早而先于对手补救，更易反败为胜。而信息占有较少的一方，自己的任何错误都可能被对手利用，并带来致命伤害。例如庄家经常会到散户群中倾听他们的心声，了解他们的动向，知己知彼；相反由于庄家在暗，散户在明，散户总是捉摸不透庄家的行为变化，有时还傻到认为庄家"太傻"。

即使信息是对称的，由于每个人的认知不同，最终反映在交易市场里，也会是截然相反的结果。

电影《赌神》中有一个精彩情节：中国香港赌神高进与新加坡赌王陈金城同台赌牌。在前几局中，陈金城凭借所佩戴

的特制眼镜和事先在扑克牌上所做的隐形标记赢了高进。进行最后一局对弈时，经过四轮的发牌，除了底牌之外，高进拿到了AAK，陈金城拿到了QQ10。此时高进已累计叫了620万美元的赌注，而陈金城则全部跟进。

最后一轮发牌，高进幸运地拿到了红心A，而陈金城的运气同样不差，拿到了梅花Q，至此双方公开的牌形为AAAK对QQQ10。这时高进看了一下自己的底牌，叫出2600万美元的赌注。

就在高进看牌的一瞬，陈金城又透过自己佩戴的特制眼镜发现高进的底牌为K。由于早知自己的底牌为Q，陈金城认为QQQQ10对AAAKK自然是赢定了，于是毫不犹豫地跟进。然而，当等到亮牌时，高进的底牌竟是方块A，赌局的结果已不言自明。

在上述赌局中，其实高进早已佩戴了能够甄别扑克牌手脚的隐形眼镜，但他还是故意通过前几盘的小输来强化对手对于隐形标记的笃信，并在最后一盘中，以极快的手法为自己的底牌做了迷惑对手的标记。正因为如此，陈金城才会毫不怀疑地大注跟进。 由此可见，高手赌牌中的那种探视、揣摩与策略运用，已经达到了相当高的境界。而我们面临的交易市场，庄家或主力的博弈何尝不是这样，当然现在监管较严且又规范的市场，毕竟不是赌场，但它却是综合考验交易者自制力、耐心力、决断力的地方。

庄家就是"卖辣椒"的老妇

股票本无好坏

任何事物都是相对的。股市中,也没有绝对的好股、坏股之分,只有你介入的时机和卖出的时机是否正确之别。假如一只亏损的"坏股票",因为它的价格很低,只要你买入的时间是价格的最低点,而卖出的时间又是价格最高点,由于介入的时间最佳,这个股票就由"坏股票"变成"好股票"了;若一只赢利、资产质量非常优良的"好股票",因为价格不低,你买入的时间是在较高点,而卖出的时间又是在较低点,这样由于介入时间的不对,就由"好股票"变成"坏股票"了,关键看买与卖是否在恰当的时候。

因此每一只股票的振幅差价、题材投机、盲点套利、价值投资,完全不分好坏,只分时机。而且"好股票"涨得太高就变成"坏股票"了,而"坏股票"跌得太低也就离"好股票"不远了。所以**善于用才的人,眼里没有孬种**"就是这个道理。

在商业领域有一个"卖鞋子"的故事:

有甲、乙两名推销员分别去同一个地方推销鞋子，甲推销员去了那里，发现那里的人都不穿鞋子，于是他告诉老板：因为那里的人都没有穿鞋子的习惯，所以，鞋子在那里是没有市场的。

乙推销员去了那个地方，也发现那里的人都不穿鞋子，但是他没有返回公司。在给公司的主管回电话时，他是这样解释的：因为那里的人都没有鞋子穿，所以，鞋子在那里是很有市场的。

最后，乙推销员在那里开发出了新的市场，并且赚了很多的钱。

股市里也没有绝对的利多、利空，二者是可以相互转化的。例如人民银行提高商业银行的存款准备金率这一政策。如把它看作是市场上资金宽裕的信号，就是利好；如把它看作是国家将收紧银根的信号，就又是利空了。

所以在股票市场，每次提高存款准备金率时，引起的反应是不同的，有时大幅上涨，有时却又大幅下跌。在不同的时间、不同的市场条件下，同一个政策所起的作用是不一样的。

熊市中淡化利好放大利空，牛市却正好相反，放大利多淡化利空。利好、利空不是能推动股市上涨、下跌的直接原因，关键在于主力结合当时的市场状态如何去运用它，在主力要把已拉高的股票全部卖出时，"利好"就是它出货下跌的工具；在主力要在低位收集筹码时，"利空"又成了吸筹回升的利好了。

如果利空已蔓延到了整个证券市场或社会层面，实际上就到了利空消退之时。正如2007年、2008年由美国次贷危机引发了世界范围内的金融危机，但当大多数国家均出现金融危机时，金融危机结束的那一天也就到了。真正的利空不是已经兑现的利空，而是未来要兑现或根本无法确定它的利空程度究竟有多大的那些利空。一旦所有利空因素全部释放了，这时反倒成了利好了。

如2005年5月9日，股权分置改革试点正式启动，国有股全流通本来对中国股市是个大利空，但这一特大利空的方案一公布，却变成了特大利好，因当时大约25%的股票价格已在净资产之下，此后两年多时间，中国股市上证综指竟然从2005年6月6日的998点上涨到2007年10月16日的6124点，涨幅达613%，成为全球股市涨幅最大的市场。

股市中最大的利好是后续朦胧的预期，一旦利好被看得非常清楚并准确无误时，它反而就变成利空了。正如人们常说利好出尽是利空，利空出尽是利好，就是这个道理。

白马股始终涨不过黑马股，其主要原因是白马股业绩是透明的，而黑马股业绩是不透明的，未来发展有想象空间。如重组股等，未来不确定的利好因素越多，则支撑股价上涨的动力会越大。

真正的好股，是人们预知有美好的未来的股票，而非当下看起来性价比好的股票，因为后者虽然可能价格不高，但该上市公司发展得已经很好了，以后很难有所突破，因此未来股价也会随着人们的"满足感"的降低跟着降低；相反，如果有一只股票，业绩基本面并不好，但能看见它未来的业绩增长，即使增长后的业绩比同类股票的业绩还低，但它的股价的增长潜力还是远高于这些同类股票的。

股价是散户与主力对峙的结果

散户与主力的对峙有时也是投资者与投机者的对峙。而投资者也靠投机者去赚钱，长线投资者能够卖出也是要靠短线客接盘，获益需要才能被满足。

前面说过，投机与投资是可以转化的，从这个意义上讲，投机本身也可以是投资。在我看来，投机不仅没有任何卑鄙的意味，而且是一种高超的投资技巧。

投机大多依据技术分析，而投资往往依据基础分析，或者二者结合。通过基础分析，投资人认为股票的价值被低估，他们就会买入股票，股价因此上涨。随着股价上涨，靠技术分析的投资人又按他们的习惯跟着买入，使股价进一步上涨。这样过了一段时间，做基础分析的投资人又认为股票被高估，开始卖出股票，从而使上升趋势变缓，最后发生逆转。靠技术分析的投资人最终也会卖出股票。如此往复，就形成了股票价格的涨跌循环。

在股市，主力往往利用散户的买卖习惯与节奏，一旦主力反向的意愿与散户发生正向的一致，就会出现主力希望的共振。主力高位出货，散户高位接货；主力低位吸筹，散户低位割肉。这种共振又往往不会以个人的意志为转移。

所以，你一定要记住，你买入的每一笔股票，交易的另一面就有一个非常高兴地把股票卖给你的人。

而且主力往往拒绝在出货中制造反弹，也就是会使股价一路下跌，套牢散户，让那些抢反弹者没有卖出获利的机会。一个跟庄者若买入股票较多，庄家发现后，首先会震荡洗盘，也就是让你离开，否则不会涨；洗盘之后来人还不走，就会下跌或盘整等待，直到把跟庄者耗走；如果发现跟庄者有决心，庄家不得已再拉一次，给来人一个获小利出去的机会，让他自觉走掉；来人还不走，就只好下跌把跟庄者套牢，让他讨不到便宜。

如果你不明白内情，必然经不住这一番折腾，早就给洗出去了。如果明白自己的处境，你又不去减仓，这时庄家也绝不会拉抬股价；如果你开始减仓，庄家发现你减仓，到了可以容忍的程度，才会开始拉抬。

在股市，虽然主力资金可以控制股价的上涨、下跌，有时在相对较短时期内可决定一只股票价格在哪个范围内变化，但股票最终形成的最高价与最低价根本不是由主力资金决定的，而是通过主力与散户的对峙产生出来的。即当主力资金拉升股价，散户资金跟进较多，抛出较少，则股价拉升幅度较大；若散户跟进较少，抛出压力较大，主力资金拉升较难，拉升幅度较小，这样在拉升过程中，也就产生出了一个相对最高价。主力资金为了低价吸进筹码，往往是在打压中吸筹，若打压中散户卖出较多，则会继续打压股价吸足筹码。当股价下跌后，主力抛出较少，而散户跟进反而较多，则会停止打压，最低价也就随即产生。

当然主力在拉升一只股票途中与散户间的对峙必须要有节奏地休整，否则实现不了用适量资金拉升到目标高度的目的。因此，**股票的拉升和飞机腾空惊人地相似**。

飞机在跑道滑跑时，刚开始很慢，就像是助跑，速度逐步加快，等到了起飞速度时，突然加速才能腾空而起。股票也是这样一个增量起跑、加速放量和腾空上涨的过程。而庄家在进入飞行线启动时释放的能量越大，代表庄家对该股的信心越大；跑道越长，在飞行线上滑跑时间越长，说明庄家建仓时间越长，筹码越多；而坡度向上脱离60日均线越远越陡，那就说明后期涨幅越大，该股庄家控盘能力也越强，后市越强。如果跑道平行滑跑，说明该股控盘能力一般，而向下沿跑道滑跑就说明该股控筹能力不好不稳。所以好的飞机和股票，其特征就是启动能量大，启动离地高，这说明庄家对该股十分看好，也说明庄家希望将该股筹码控制在更高的价位。

当飞机以加速度向跑道顶端冲去时，张开的翅膀提供了升力，坐在机舱座位上的乘客会感受到强烈的推背感。股市中的大盘往往在出现长阳之后开始上涨，但是正如飞机要爬上海拔8000米高的平流层，不是一个劲儿地向上飞行，一蹴而就的，大盘也不是不经过整理就直接展开主升浪和延伸浪行情的。离开地面之后，飞机首先在双发甚至四发引擎的最大推力作用下，穿越高度距离约为300~1000米的对流层的湍急气流，然后改为平飞一段距离。这一是为保护引擎发动机，二是保护乘客和机组成员。不然，发动机有可能在空中失速，乘客和机组成员的心脑血管也会因骤然出现的剧烈压差而受到伤害。所以，要想飞到8000米的高度，飞机总是爬高一段，改为平飞一段，爬高和平飞之间的间隔距离一般为1000米左右。大盘出现牛市第一浪之后，通常也会以急跌慢升的方式来进行第二浪调整消化，而且一定经过横盘整理来清洗底部浮筹，集聚上升动能。

也就是说，股票价格从底部腾空而起，经过飙升之后，会在一定高位受到空头的抛压出现短暂蓄势，这是主力在空中补充能量，获得向更高目标冲击的动力，以便继续向上飙升。因为在第一波上涨中，主力很难达到卖出的目的，甚至拉抬本身就是快速建仓的过程，因此盘整之后的第二波拉升，主力才能实现卖出。因此短暂蓄势期就是难得的买入时机。

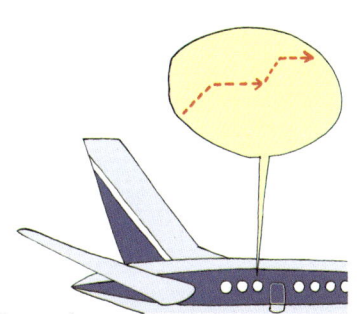

不在低位盘整一段时间，股票也很难涨高，但股票一旦突破盘整区上了一个新台阶，就会在这个台阶上再跑一段。因此股票关键价位非常重要，这也是股票助跑的底线。

某只股票的股价一旦突破整数价位，你就应关注它了，如股价上涨突破5元、10元、15元、20元、25元、30元、50元等，每次应有75%的继续上涨的概率；相反，股价下跌时，一旦突破50元、30元、25元、20元、15元、10元、5元等，则每次又会有75%的继续下跌概率，实际上这也是主力与散户间心理对峙的结果。

像"卖辣椒"一样卖股票

股市,无论是在熊市还是牛市,始终有人买有人卖;同样的图形,多方看起来会涨,空方看起来会跌。意见始终相反,这就是相"反"相"成"的过程,而散户在选择自己喜好的股票时,往往又会掉入主力资金分类的误区。

多年前,笔者曾在《生财之道》杂志上看到一篇名为《用自己的方法卖辣椒》的文章,很富有哲理性,文章是这样写的:

卖辣椒的人,恐怕都会经常碰到这样一个非常经典的问题,那就是不断会有买主问:"你这辣椒辣吗?"不好回答——答辣吧,也许买辣椒的人是个怕辣的,立马走人;答不辣吧,也许买辣椒的人是个喜吃辣的,生意还是做不成。

有一天没事,我就站在一个卖辣椒的三轮车旁,看摊主是怎样解决这个难题的。趁着眼前没有买主,我自作聪明地对她说:"你把辣椒分成两堆吧。"没想到卖辣椒的妇女笑了笑,轻声说:"用不着!"

说着就来了一个买主,问的果然是那句老话:"辣椒辣吗?"卖辣椒的妇女很肯定地告诉他:"颜色深的辣,颜色浅的不辣!"买主信以为真,挑好后满意地走了。也不知今天是怎么回事,大部分人都是买不辣的,不一会儿,颜色浅的辣椒就所剩无几了。我于是又说:"把剩下的辣椒分成两堆吧,不然就不好卖了!"然而,她仍是笑着摇摇头,说:"用不着！"又一个买主来了。卖辣椒的妇女看了一眼自己的辣椒，答道："长的辣，短的不辣。"买主依照她说的挑起来。这一轮的结果是，长辣椒很快告罄。

看着剩下的都是深颜色的短辣椒，我没有再说话，心里想，这回看你还有什么说法。没想到，当又一个买主问时，卖辣椒的妇女信心十足地回答："硬皮的辣，软皮的不辣！"我暗暗佩服，可不是嘛，被太阳晒了半天，确实有许多辣椒因失去水分而变得软绵绵的了。

卖辣椒的妇女卖完辣椒，临走时对我说："你说的那个办法卖辣椒的人都知道，而我的办法只有我自己知道！"

在股市中，主力或庄家何尝不是这样？他们会经常把股票通过分类、包装卖给抢购的散户。

因此，在股市上，庄家或主力资金就像卖辣椒的老妇一样，再不好的股票也能卖出去。他们会根据市场变化、投资者的心态、国家政策变化，把几千只不同的股票分成不同类别并赋予相应的题材，人人称绝，致使每次均有股民踊跃购买。如一种分类后购买周期结束，又会出现另一种分类摆在股民眼前，始终会有人根据自己的偏好选择、追逐。如小盘股与大盘股之分类、低价股与高价股之分类、创业板与主板之分类、央企背景与民营企业之分类、预盈预增与预亏预减之分类，等等。

这就是为什么我们提倡选择股票必须先选择即将成为热点的板块，只有这个板块，才是股民资金关注的对象，也只有资金大量涌入，这个板块的股票价格才有可能节节升高，你购买的股票市值才可以大幅攀升。不同时期肯定有一个强势的板块胜出，而此板块的胜出又是彼板块退潮的开始。正由于人类具有极强的抽象思维，所以股民才更愿意追逐标新立异的板块。

高明的庄家不仅能提炼出各种类别去让你选择，而且有时还会运用虚虚实实的方法去诱骗你。有个做服装生意的商人，他向笔者透露了鲜为人知的经商之道。在每次进货的各种服装中，同一类服装商品，如进价是300元/件，他售价往往标价600元/件，而进价是100元/件的，则标价会是800元/件。因为人们惯用的思维是"一分价钱一分货"，贵的肯定是好的。

股市中也有人利用人们的"惯用"思维，冷静下来你就会发现，就价值而言，上涨的股票价值不一定高于同类股票。这就是为什么买股要买强势股，而不要去碰弱势股，特别是在牛市，为什么"追涨是硬道理"。

实际上多数证券投资机构真正研究股票的专业人员非常稀缺，你想彻底了解一只股票的上市公司非常困难，有些高层决策思路是商业机密，是不会让你知道的。但是你要想选择经济周期中未来会发展的潜力板块就较为容易，因为宏观数据、行业数据往往是公开而且经国家权威部门确认的。板块选好了，板块中好的个股岂不是"笼中之鸟"吗？

主力选择的板块，往往也会被反复炒作。假如主力资金在可选的20种板块中，不带任何偏见按随机理论选10次，这10次中某个板块被重复炒作的概率是：

$$\frac{20}{20} \times \frac{19}{20} \times \frac{18}{20} \times \cdots\cdots \times \frac{11}{20} \approx 0.065$$
$$1-0.065=0.935=93.5\%$$

这样同一板块被反复点名的概率为93.5%，所以选择这种定期"反复炒作"的板块，是跟踪主力的绝妙方法。

在股市中，**资本家是玩板块，庄家是炒热点，散户是抢个股**。正如前面所讲，由于利好与利空本来是对立统一关系，并不存在绝对的"利好因素"与绝对的"利空因素"。所以，我们在对各具体因素进行分析时，必须对各因素在各种不同的环境和条件下的相关程度及其表现形式进行必要的筛选与判断。

一是相关原则。即了解（或假设）到已知的某个事物发生变化，再推知另一个事物的变化趋势。最典型的相关有正相关和负相关，如提高储蓄利率，股市看跌；降低储蓄利率，股市看涨。从思路上来讲，不完全是数据相关，更多是"定性"的。从总体上观察，与股市高度相关的市场至少有期市、汇市、资本市场等。

二是类推原则。证券市场经常出现板块之间的轮动，某一只股票带动所属板块，该板块又带动相关板块，最终诱发大盘启动。相反，"城门失火，殃及池鱼"的现象也举不胜举。

三是概率原则。我们不可能完全把握未来，但根据经验和历史，很多时候能大致预估一个事物发生的大致概率，再根据这种可能性，采取对应措施。如股票上涨幅度大了，下跌概率就大了；股票下跌幅度大了，上涨概率就大了。

赚钱不能迷信专家、规律和常理

如果你不知"傻子"是谁，那肯定是你

沃伦·巴菲特曾经打过一个比喻，他说："好比打牌，如果你在玩了一阵子后还看不出这场牌局里的'傻子'是谁，那么，这个'傻子'肯定就是你。"也就是说，如果在入市时，你搞不清谁将成为输家，那么肯定输家就是你。

有个故事，说有一个父亲，他有两个儿子。哥哥自以为有点儿小聪明，总喜欢偷懒。弟弟虽不是呆傻木讷之人，却也好不到哪里去。这兄弟俩差别实在是太大了，一天父亲突发奇想，想检验一下两个儿子的智商，就拿出了两块铁，一块如同鹅卵石，另一块坑坑洼洼，薄厚不均，有的地方十分锋利，甚至可以砍柴。他对两个儿子说："这两块铁，你们一人挑一个，拿它去砍三天的柴，谁砍得多，我就把咱家里的鹅作为奖励。记住，磨刀不误砍柴工。"

哥哥一看，砍柴刀当然是越锋利越好，于是拿走了那块坑坑洼洼的铁，虽然早就知道"磨刀不误砍柴工"，但是既然它可以砍柴，也就索性不去磨它了，结果越用越钝，三天下

来，只砍了一担柴。

话说哥哥拿走了锋利的那块铁，弟弟就把鹅卵石似的铁拿走了，他反复琢磨父亲的话，终于想明白父亲是让他把铁磨成刀，然后去砍柴。第一天他一点儿柴也没砍，只是把刀子磨锋利了，但在第二天、第三天，他每天都砍了两担柴，结果获得了奖励。

其实想想我们自己的小聪明，不也正像那块坑坑洼洼的铁一样吗？在看似锋利的外表下，隐藏着不为人知的部分本质——浮华。只有像故事中的弟弟那样，认真地磨炼自己的才智，才能获得大智慧，成为一个成功的人。

我们都亲身体验过抛硬币的游戏吧，大多数人认为抛出的硬币得到正面与反面的可能性相同。结果怎样呢？往往不是这样。

因此在虚虚实实、真假难辨的交易市场、投资市场中，别人没有输，你的赢也是假象；要想赢到别人，你必须在一定高位把手中的"东西"卖给他。实际上处于弱势的多数人，你买入做多的那个交易品种上涨概率也就是25%左右，特别是你预想着不管先前买入做多后如何变化，必须等到上涨多少再卖出，但果真是这样吗？不是！你的行动往往与预想大相径庭，即使低位买进，不知道为什么又会卖出，而且又会在最高点买入。你竟然为自己的预期埋了单。

在这个世界上，只要时间与数字存在，它俩就有机会操纵扭曲每次抛出硬币的角力。所以你千万要时刻保持清醒，知道那个"傻子"是谁，现在又转到谁。否则你作为中小投资者永远都是赚钱的时候少，而赔钱或套牢的时候多。

所以我们参与博傻游戏中，必须培养自己认准两类"傻人"的超强能力。一种"傻子"就是迫不及待想把相对便宜的品种卖给你的人；一种是想以相对较高价格买你手中这个品种的人。如果找不到这两种人，你自己往往就会成为他人眼中的"傻子"。

因此，成功的交易也就是找到"傻子"的艺术，应学会顺势抢弱势散户的钱。从理论上讲，我们和庄家或主力资金应力求在一个位置上。

在交易市场，有成千上万人参加交易，但不外乎两大类：一类是庄家或主力队；另一类是众多散户或中小投资者。事实上这两股力量是对立的统一。对立就是一买一卖，统一就是双方成交。而且散户在与主力的争斗中，集合构成了与主力唱反调的反作用力量：当主力在做多时，散户往往在做空；主力拉升价格时，中短线散户一定会逢高出货，阻止价格的进一步上升；当主力在做空时，散户往往又在做多；主力震仓卖出筹码时，价格下降，中短线资金又会承接筹码，阻碍其价格进一步滑落。主力希望交易品种如股票、商品期货等的价格波动幅度越大越好，而散户的力量却在减少价格波动。

因为有主力资金介入时，往往就是波动幅度大的时候；散户的力量越强，股价的波动幅度反而越小。

由于散户的资金流向是无序的，因此一些资金在交易中的一段时间内会加入主力的资金行列，但不会始终与主力一致到底，而剩下的资金则会与主力发生对抗。在这场双方较量中，主力的力量始终起着主导作用，因此，无论你选择的投资交易品种有多么好，必须踏准主力的节拍与其保持一致。

我们又如何避免成为不知道的"傻子"呢？很多投资交易者在这个屡遭折磨的市场中学到很多非常宝贵的教训和得之不易的经验，也能够在复盘时的静态图表上从容获利，能够在历史走势中找到获取利润的诀窍。但是一旦让他们坐在瞬息万变的动态屏幕前，往往又回归了不认识的"自己"，从而回归到失败的影子里。"言之易，行之难"。你对自己正确指令要不折不扣执行，这也是卓越与平庸的分界点，是专业与业余的临界点，也是交易成败、是不是"傻子"的分水岭。对于优秀的投资与交易者而言，执行力也是多种素质的凝结，它体现为一种深谋远虑的洞察与慧思敏锐的思维。表现在做操作下单时，不符合自己的模式时不动如山；而符合自己的预想条件时也会果断出击！特别是计划内的止损或出局，必须立即第一时间无条件执行。严格止损这是在投资交易市场中生存的一条铁律。这一纪律执行的好坏直接关系到你自身实力的保存。如果一次判断失误，不及时严格止损，很可能造成重大的亏损甚至全军覆没。在这条纪律的执行上，要坚决果断不可抱有丝毫幻想。严格控制仓位与规模，这又是投资交易市场生存的第二条生命线。因为止损只是控制每次亏损的幅度，虽然每次都能有效地把亏损控制在尽可能小的幅度上，但如果连续多次亏损，总体累积起来亏损也将会非常明显。成功的投资者和其他交易者最大的区别在于，当市场行为不当时，他们具有把持住自己可以不进场交易的能力,而不是在危险的市场上频繁地交易。这需要很大程度上的自制能力。

赢家,就是多想半步的人

犹太人的孩子几乎都要回答母亲同一个问题:"假如有一天,你的房子突然起火,你会带什么东西逃跑?"如果孩子回答是钱或钻石,那么母亲会进一步问:"有一种无形、无色也无气味的宝贝,你知道是什么吗?"要是孩子答不出来,母亲就会说:"孩子,你应带走的不是别的,而是这个宝贝,这个宝贝就是智慧。智慧是任何人都抢不走的。你只要活着,智慧就永远跟随着你。"

犹太人的商法其实很简单,那就是:"要尽力站在富人圈里。"

我们赞羡富人积累财富的结果,却忽略了他们通达财路的智慧。

每个人都有自己的生活环境,环境和命运之间多数时候是互为因果的。普通人大多生活在普通人中间,久而久之,心态和思维都固化了,做出来的事也就是普通人的模式。

普通人要想成为富人,很多时候必须和自己这个阶层说"再见"。这绝不是背叛,而是一种自我改造。

财富由无到有的转变是大多数人憧憬的,但没有致富的思想和手段,富有殷实只能是聊以自慰的幻想。

如果能站在富人圈里,汲取他们致富的思想,比肩他们成功的状态，才能真正实现致富的目标。

孔子曰："与善人居，如入芝兰之室，久而不闻其香，即与之化矣；与不善人居，如入鲍鱼之肆，久而不闻其臭，亦与之化矣。"为什么？因为近朱者赤，近墨者黑，近贤者明，近良者德，近愚者暗，近小人者也必为小人。"孟母三迁"，择邻而居，可见其理解相当深刻。

在选择投资的种类或品种时，必须学会进入富人、主力的圈子，如何进入，必须学会**早于别人半步**。早于别人一步，因为你来自圈子之外，会被拒之圈外；如与别人同步，蜂拥而上，圈子也不会对外开启。就像在大剧场里看了一场非常好的戏之后，要想快速地顺利离开剧场，必须在精彩演出快要结束时，就起身先退场，这样才能避免结束时退场的麻烦。

有人做过这样一个实验，老师让每个学生从0~100中任选一个数字，然后老师进行汇总并取出平均数。谁选的数字最接近全体平均数的1/2，谁就会成为赢家。一般情况，从0~100中随机选取若干个数，其平均值最接近50，那么其1/2就是25，因而一般同学会选择25。如果再多想一步，假如每个同学都这么想，也就是说每个同学都照着25去选，那么平均数就是25，而其1/2是12或13。所以，聪明些的人就会选择12或13。

但是，更聪明的人又会想，如果大多数人都想到了上面的逻辑并选择12或13，而选择6或7的赢面也许就很大了。

当然，还有更为聪明的人。一个人如果按照上述的逻辑推理下去，认为最终所有同学都会选择0，这最后的答案就是0。

那么，谁是赢家？答案揭晓了，老师认为选择0的学生是最聪明的，但赢家却不是他们。因为大部分学生都选择了12或13，只有少数几个选择6或7的学生获得了最后胜利，成为赢家。最终获胜的，是比群体中大多数人多想了半步的人，而比别人多想了若干步的学生却没有赢得比赛。因此，太聪明也不行。

在投资交易过程中，也是这样。如你发现的品种你介入过早，主力资金就会发现散户与自己的想法竟然一致，因此他不会让大家与此同步，可能一段时间后才上涨。此时主力资金也不会马上拉升，这样你就会因为别的品种猛涨，从而乱了方寸。介入过迟，又会在大幅拉升时错过赚钱机会，所以最好是在刚好启动之时介入。当然掌握这种时机还需要过硬的本领。但是，无论买入或卖出，必须对主力投资者的动向进行预测。

例如，若从100名参赛者中选出最漂亮的5名女孩，若你选的结果与最后得票结果一致，可获得高额奖励。这时，你一定不能完全按照自己的审美眼光去选择，如果那样做的话，往往你的选择与结果完全不一致。

为了胜出，必须预测出绝大多数人眼中的美女标准。也就是对他人的预测结果进行预测。因此，投资交易无论选择什么品种，必须是下一步的炒作热点，也就是近一年，最多近两年发展较快的行业。你若研究选择几年后的事情，我想大多数人不会认可。无论之后其价值怎么样，有多好，都得不到主流资金认可，最好少参与。

投资只有输家和赢家，没有专家

假如有三个人进行抛币游戏，规则是如果抛出正面的人多，抛出反面的人少，前者胜，后者败。三个人同时抛，如果有两个人同时抛出正面，则抛出反面的一个人输1分，抛出正面的两个人各赢0.5分。反之，如果有两个人抛出反面，则抛出正面的一个人输1分，另两个人各得0.5分。

各种投资交易市场的情况和这个游戏也有些相似，某一交易品种，如股票的涨跌是多空双方对抗的结果，多方力量强则上涨，空方力量强则下跌，相当于出正面或反面的人群哪个面多的一方就赢。

这个游戏的规则决定了它的基本思路是尽量站到多数的一面，这一原则引申到投资交易市场就是跟随多数策略，不过在这个资金推动的交易市场中，这个多与少指的是资金的多少而不是人数多少。如果预期多数资金将做多，则自己也应该做多；如果预测多数资金将做空，则自己也应该跟着做空。

每个人的资金量是不同的，资金多的人对市场影响大，资金少的人影响小，因此要跟随多数资金，又有"顺势而为"以及"跟庄思路"等不同变化。顺势而为是依据大势判断多数资金的动向，而跟庄是抓住市场影响最大的一群人，因为他们的动向就是市场多数资金的动向。

举例来说，甲（你）、乙（庄家）、丙（散户）玩猜币游戏，甲应该研究乙、丙的出币规律：乙、丙出币共有四种组合，可以分为两类，一类是乙、丙两人出一正一反，则甲任意出什么都能赢。另一类是乙、丙都要出正或反，那甲必须和他们出的相同，这样能不输也不赢，如果出反了会输。当乙、丙两人一正一反时，甲比较主动；当乙、丙两人出币统一时，则甲需要跟着他们出。这类似于庄家所面临的情况，庄家有较大的资金实力，在一只股票上可以占到相当的份额。如果一个庄家还没有大到可以绝对控制走势，则他的操作逻辑将与甲类似。

当市场上其他散户的意见不统一，多空处于平衡态势，或虽不完全平衡，但在庄家的可控制范围内时，则庄家朝哪个方向做，其价格就会向哪个方向运行。如果市场散户形成了统一意见，则庄家不能在这个时候逆着大势做，只能顺着大势做。

但无论你怎么出，庄家绝不让你跟他一致。因此，庄家有时故意让自己的出币过程带有规律性，在时机成熟时再打破规律。因为你或其他散户一旦发现这个规律就会按这个规律出，这样谁先发现，先按照庄家的规律出，谁就可以获利胜出。

这类似于在博弈中寻求合作和建立统一战线的策略，合作和统一战线的前提，就是有统一的步调，有前后一贯的行动纲领，直到这个规律被所有人接受，达到一种平衡状态，即没有人获利或亏损。破坏这个规律的人必须要承担一定的损失，所以大家会力求稳定在这个状态上，股市中的横盘和这种情况类似。

但是一旦出现这种状态并持续一段时间后，庄家必须打破这一规律，因为规律已经被所有人发现，再顺着规律做就无钱可赚了。只有庄家才有条件打破规律，所以散户在这个时候只能按照规律去做，并等待寻找新的规律的机会。

多数时候，在思考的问题用常规方法得不到解决时，就应该转换角度去思考，用逆向思考、缺点逆用等思维方式来重新思考，这些都是人们在发明创造时经常用到的方法。

逆向思维其实也就是一种反其道而行之的做法，就是打破常规，创新方法，从而找到问题的解决之道。

我们在现实生活中，时常可以看到一些人钻死胡同成了"憋死牛"。之所以如此，就是因为他们常常是顺着一条道走到黑，一头撞在南墙上也不知道转个弯，结果"横拿着扁担过门"。

其实，脑筋转一下弯，换个思路天地就变宽了。一个人如果受习惯思维的影响，得出来的判断与别人是大同小异

的。这种思维不是不对，而是长期局限于此思考问题，时常会抑制人的创新能力的发挥。

人生要有所作为，就离不开创新，而创新的源泉实际上就是突破自我，突破常规和思维定式，要首先从思想上战胜自己。不是这样吗？

从运行的角度观察，各种交易市场就是这样一个不断建立规律，又不断改变规律的场所。特别是与主力或市场的博弈，千万不可非常固执地守着一种方法或一种习惯模式去应对。

这就好比自然界中的生存竞局一样，是一种多方竞局，这种竞局中会自然地形成一种合作关系，最常见的是种群内部的合作关系，如狼群总是群体出动围猎，而人类社会更是以高度合作的方式共同适应环境。

除此之外，还存在种群之间的合作关系，一个典型的例子是狗和人之间的关系，在与其他动物的对抗中，狗是人类的帮手，而人也会为狗提供更为理想的生存和繁育条件，二者合作的结果是两个种群在生存竞争中更为成功。

原始人在与大自然的搏斗中曾得到过狗很大的帮助，至今北极的因纽特人仍是如此，人类对狗的感情实源于此。而狗通过和人的合作如今也成了当今世界上数量最多的犬科动物，成为生存竞争中相当成功的一个物种。因此，我们必须承认庄家的强大，研判庄家的动向，有时顺应庄家操作，有时反向操作。

当然，散户应悄悄触摸庄家的底牌，千万不可让庄家有所察觉，否则，你将被吞噬殆尽。例如，在股票市场交易中，每日交易时，买方与卖方的委托实时揭示盘面，有时主力在卖出揭示中，卖一或卖二挂出了大单卖出，反而是为压盘吸筹。但当散户发现了这个底牌规律，知道一有挂大单卖出，后市必涨，反而敢于抢单。但主力在卖出时，有时也是真的挂大单卖出，这样兵不厌诈才能宰割散户。当散户又习惯另一种主力手法时，主力买卖行为又会改变，不仅虚虚实实，而且虚实结合或虚中有实、实中有虚。主力揣测普通投资人的好恶，利用媒体的力量迷惑散户，而普通投资人又在不断猜测幕后主力的行为。采用对的分析方法就显得尤为重要。正确的技术分析是用于分析人的，而不是用于分析某种K线、某些交易数据的。这些K线、交易数据，是复杂人群有意或无意中创造出来的。我们要明白根本，要找到源头。K线走好时，庄家一般卖出。为什么在股票市场那些小盘股走坏时，庄家反而拉升？这是庄家研究散户以后的结果，当然之后他们还会出奇制胜！所以大盘股K线图形走好，往往预示着上涨开始，而小盘股若K线图形走坏，往往又会大涨。

　　心理学家詹姆斯·尚蒂研究了哪些学科有真正的专家，哪些学科没有。因变化而需要知识不断更新的事物，通常是没有专家的，而不变的事物似乎会有专家。

　　也就是说，与未来有关，并且其研究是基于不可重复的过去的行业通常没有专家，如天气预测、地震具体时间预测、股票每日涨跌预测、商品交易的价格等，所以在交易市场中所谓的专家，只能是对基本理论做出不同研究，不可能对每一交易品种的规律变化做出准确预测。

因此，在投资市场或商品、证券交易市场上只有输家和赢家，没有专家。而且要成为赢家必须知道**如何不信专家，不信规律，不按常理出牌**。

真理和谬误,都在少数人手里思维的颠倒,比操作的颠倒更可怕

金钱面前就得信『邪』

05 金钱面前就得信"邪"

T

真理和谬误，都在少数人手里

多数人的选择可能是"错的"

正如前面所讲，往往某投资的标的及交易的品种，所有利好，一旦让所有人都知道，就变成利空了，其在市场上的价格可能开始下跌，因为主力资金在这个时候出逃非常容易。正如某个利润率相对较高的行业，一旦所有的商家都去追逐，很快就会垮下，也就是大家常说的"见光死"现象。

所以在这个市场，大多数人即群众的选择可能是错误的，而且必然如此。主力选择并做多的交易品种必然在低位买入，而且往往是出乎众多散户意料，神不知鬼不觉，众多散户根本没有发现它的价值，等到众多散户已看好它的未来价值时，主力资金拉升的绝妙机会就来了。

当然，主力资金大量沽售时，也是市场疯狂买入的时候；市场成交清淡时，也不会是主力的最佳卖出时机（反而是主力一点一点买入的时机）。主力只有出乎人们意料，与大家拉开距离，跟庄者、竞争者才会减少。

因此主力往往选择未来发展会非常好且大多散户未感知的交易对象。如买卖股票，即使现在非常不起眼，但主力团队经过周密分析研究,认为这家上市公司的价值在一年或两年后会被多数人认可,则主力资金肯定会青睐这只股票。其一,从现在的基本面看,它的价值没有显现,众多散户会弃它而去,这样主力资金收集筹码非常容易;其二,多数人还没有认可它的价值,其价格肯定较低,主力收集的成本也低,将来会有较大利润空间;其三,主力介入后拉升容易,可神不知鬼不觉,部分散户持有股票抱有长期心态,拉升一定高度也不会关心,还有的散户不了解其价值,对此股也"死"了心。当这个股票涨到较高价位,其价值开始显现,大多数人认为其价格与价值还相差较大,这时散户的力量会聚集得非常大,再加上媒体的正面宣传,所有人都认为这只股票的股价应该再翻一倍,但这时的主力是不会贪心的,他会在散户欲买而买不到的情况下一点一点放给他们,最后等到这家上市公司可挖掘的潜力被散户挖掘得"精光",并在所有的股民面前暴露无遗时,主力持有的筹码也早已抛了个精光。

所以,面对你准备买的股票,如果它是你周围好朋友也认可的,或有人从多种渠道极力向你推荐的,你就要小心了,那是把你往"火坑"里推啊!他不可能告诉你最正确的操盘信息,能靠得住的还是自己。

有一则寓言,在飞机上,乌鸦对空姐说:"给爷倒杯水!"猪听到后也学道:"给爷倒杯水!"结果空姐很不高兴,就把猪和乌鸦扔出了机舱。此时乌鸦笑着对猪说:"这次你傻了吧?爷可会飞,你会飞吗?"

企业家吉姆·克拉克给过年轻人忠告："不要凡事都依靠别人，在这个世上，最能让你依靠的人是你自己。在大多数情况下，能拯救你的人，也只能是你自己。"

再好的建议，还要看适合不适合自己。

比如，你自己研究出来的一个很好的投资品种，而且未来的确有很大潜力，其价值大多数人也未发现，你可试探性地拿这个投资买入建议与别人交流，大多数人往往会不屑一顾，而且从事咨询投资行业的专业人员也会随意否决它，此时你应庆幸自己的眼力了，请你一点一点买入它，但不要让主力资金发现你的举动。最合适的，是采取"动态比例买入法"。

假如你有100万元，第一天最多买入1万元以下(1%)，停两天；第三、四天买入2%即2万元以下；第六天买入4%即4万元以下；如成交量温和放大，价格微涨，第七天可买入8%即8万元以下，此时休息两天；第十天可买入16%即16万元以下。此时到了关键买入阶段，若日线、60分钟线成空头排列，坚决停止操作，等待多头排列出现且成交量放大，有时等待一周，有时一个月甚至两个月，可再买入32%即32万元以下。此时若上述买入获利10%以上，方可再买入最后一笔。等你全部买入，甚至满仓了，我建议你应赶快离开这个市场一段时间，一个月、两个月，甚至更长时间。因为对其本身的买卖，散户与主力形成了必然的利益冲突，若散户分得了其中的一块蛋糕，等于侵害了主力的低位筹码。此时主力当然非常生气，甚至恼羞成怒，会使用百般手段折腾你，指数涨时它不涨，指数下跌时它下跌，指数盘整时它却又突然上升。此时一般人难以接受，便会逃之夭夭，发誓再不碰它。机构主力资金永远只希望极少部分人坐上自己的投资快车，即便坐上的人，也是购买成本较高的那部分人，如果坐的人多了，那开车多累啊，必须让一部分人下去才可以继续前进。

一天一天过去，一周一周过去，几个月以后，你意外地发现这个买入的品种静悄悄地涨了一大截了。发誓永不碰它的人后悔晚矣，因为他们在那么低的价位曾经全仓买入，但未赚钱就又全部卖出。现在涨了那么多，怎么好再去追？他们自以为不傻，其实根本没有察觉，真正的涨势还在后头，实际上现在介入也不会太晚。

果真经过半年或更长时间，它的价值、业绩慢慢显示出来，市场终于开始认可它了，它的价格又涨了许多，你的朋友也开始关注，也给你推荐它了。此时你千万要清醒，不要"昏了头"，认为自己在这个交易过程中上赚了那么多，还会赚更多，而不愿卖出，把后期利润留给他人。你一定要有慈悲心，不要妄想把所有利润都一个人挣了，即使能挣到，我劝你也应该放弃，这样好运下次还会光顾你。

众多散户一旦角逐，本来向着美好方向发展的事，必然很快向相反的方向转变。例如，本来做多的一个好的交易品种，在上升趋势中，一旦散户蜂拥而上买它时，主力资金肯定会沽出或打压，使价格下跌。若未达到目标或在拉升之前，主力也许会先给跟风者警告，制造买入必定赔钱的假象；而在主力真正出货之前，又会制造买入必赚的信号。

当每一个投资者都有相同的观点时，实际上每一个人都是错误的。在这个市场中，行情即将转势，由牛转熊的前夕，几乎每一个投资者都看好后市，都觉得投资交易做多后其价格仍会创新高，于是大家便会大量买入。想买入的投资人终于都已经买入，后续资金弹尽粮绝之时，大市逆转近在眼前，牛市便会在大家的看好声中完结。

华尔街投资大师伯纳德·巴鲁克讥刺说："股市存在的目的不就在于把尽可能多的人制造成傻瓜吗？"而且股市是一种扭曲心态的游戏。既然群众永远是错的，要想在投资中获利胜出就应该站在大多数人思维的对立面，在涨跌末期即进行反向操作。正是这种特立独行的投资风格，使巴鲁克获得一个外号"独狼"。20世纪20年代后期，正值华尔街股市极度疯狂之时。有一天，伯纳德·巴鲁克在大街上停下来等着擦皮鞋，擦皮鞋的小男孩虽然手忙脚乱，却仍饶有兴趣地与周围的人聊股票市场的赚钱秘诀。巴鲁克皮鞋擦得锃亮，但一回到办公室就把所有的股票都抛售一空，从而在这场全球股市的大崩溃中躲过了灭顶之灾。

不要忘记，你是"弱势"群体

在中国的股市中，散户的人数众多，约占股民总数的95%左右，由于资金有限、账户分散，在其交易中，散户的行为往往带有不规则性和非理性，其买卖决定也极易受市场行情和气氛所左右。

生活中，我们在很多场合下实行的都是少数服从多数的原则，但有时候，多数代表的不一定正确。所以，是少数服从多数，还是坚持自己的信念，这没有绝对。

而在投资交易的市场中，少数的"庄家"与主力才是市场的风向标，是赚钱者；而代表多数的散户才是随风者，也可能是赔钱者。

由于散户基本上都是业余投资者，时间和精力没有保证，专业知识和投资技能相对较差，所以散户在这个交易的市场买卖中往往又会成为被宰割的对象，其亏损比例要远远高于"主力"，赚钱比例也远远小于"庄家"，因为你自己永远代表着持有少量资金的多数人，对手当然是持有大量资金的少数主导者，你的选择，往往代表多数人的选择，你很难实现看多某一个投资交易品种，一旦大量买入马上就会大涨的情形。

你必须记住：你在用钱购入任何一只产品或参与任何投资交易时，都有可能让你赔钱！

在这个市场中，多数人认为不可能发生的，实际上是最有可能发生的，而多数人认为可能发生的，实际上却很难发生。

如果某一非常好的投资或者投资交易的品种，其价值已被大多数人认可，则主力资金反而是不会介入的。因为这时介入，众多散户认可其价值，也会大量介入。其一，形成抢筹，筹码难以收集；其二，大多数人认可其价值的东西，价格或估值可能相对较高；其三，价值已被多数人挖掘完毕，再没有后续增值空间，如果主力资金的筹码比例较高而且集中，也难以出逃或恐怕那个时候"摔死"的只有主力自己了。

与大多数人一致的判断是最可怕的判断。你千万记着：某项投资交易、某一只股票或某个投资板块被绝大多数人认可的时候，就是果断离开的时候，千万不可恋战。你不去关注的板块，往往是主力全力阻击的板块。因为在这个市场上，赚钱的是少数人。多数人正确了，少数人就错误，那岂不是错误的判断反而能赢正确的判断？这是一个悖论。所以你必须成为正确判断的少数人，也只有这样，才能成为真正的赢家。投资交易如此，而充斥着各种风险的商场何尝不是这样？还有一个有趣的故事：

一位石油大亨死后升入了天堂，天堂门口有很多人吵吵嚷嚷地要挤进去。大亨挤了很长时间，累得气喘吁吁，还是离门口很远。他灵机一动，大叫道："地狱勘探出石油了！"听到喊声的人们顿时安静下来，不到一分钟，天堂的门口就剩下大亨一人了。大亨窃喜，赶紧走向天堂的大门，但是，他又停下来想了想：那些人怎么还没回来，难道地狱真的有石油？想到此，他也赶紧跑向地狱去了，结果他和其他人一样，在地狱受尽折磨。

2009年5月间，对中国股市的走向，多数人判断大盘走势极可能是U型，后来实际上是W型，否则少数人就不会赚钱了。你研究股票时，若收集多数人认为的"好股票"，结果能收集到"一大堆",难以筛选。你可换个思路,从多数人认为好板块、热点之外的股票中选择,选项就少了许多,也许那才是少数人赚钱的"良田"。这样,你也就跳出了宇宙悖论:我们可知道那些我们不可能知道的东西。因为股市若宇宙,有时怪诞得超乎人类想象的行动,反而是最佳的行动。

英国著名作家阿瑟·克拉克说过:"如果一位资深而著名的科学家说某件事是可能的,那他很可能是说对了,但当他说某件事不可能时,则他可能是说错了。"

多数人的谬误,是少数人赚钱的真理

真理就应该是绝对正确的道理。但是,任何事物都是变化与发展的,所以真理是相对的,凡是在适当的时候正确的,而且是改变常理的道理都可以称为真理。一个道理只有当它正在改变常理的时候可以称为真理,而当它被广泛接受以后又变为常理了。

实际上,一些真理在被人们认可前往往表现出许多缺陷,因此,大多数人只能拘泥于常理,满足于大多数人的经验,而对于那些超出自己认识范围的东西,或者反常规的道理不理不睬,甚至诋毁。那些跳出常理的思维,有绝大多数都逊于常理,甚至是荒谬的,但这不是你必须拘泥于常理的理由。因为在探索真理的路上,幼稚和荒谬永远伴随人类。所以不仅真理在少数人手里,谬误也只在少数人手里。

"曲高和寡"这个成语讲的是楚国伟大的诗人屈原的学生宋玉的故事。有一天，楚襄王问宋玉："现在不少人对你有意见，你是不是有什么不对的地方？"宋玉转弯抹角地回答说："有位歌唱家在我们都城的广场上演唱，唱下里巴人这些通俗歌曲时，有几千听众跟着唱起来；唱阳春白雪这类高深歌曲时，能跟着唱的只有几十人；到了唱更高级的歌曲时，跟着唱的只有几个人了。从这里可以看出，曲调越是高深，能跟着一起唱的人就越少。"

正是因为超脱于世俗，所以不被世俗认可。

正是因为谬误也在少数人手里，所以多数人认为的谬误反而不一定是谬误，往往又变成少数人赚钱的真理。例如，在投资交易市场中多数人认为某一投资品应该在下跌时买入，上涨时卖出，如果在上涨时买入就是谬误。其实不然，若突破新高，主力反而会继续做多。

再如，在股票市场上亏损的股票不要碰或市盈率高的股票不能买，这是多数人的观念，但是有时候少数人不那样认为，反而在市盈率高时买入，虽然每股收益低，但是股价相对也低；在市盈率低时又卖出，虽然每股收益高，但是股价相对也高。这样在股价低时买入，股价高时卖出岂不是也能赚钱？

在投资市场，多数人认为"正确"的东西，往往就是"错误"的，**"真理始终掌握在少数人手里"**；谬误也是，因为它与真理是孪生兄弟，而一旦投资赚钱的真理被多数人掌握了，则往往就变成"谬误"了！

你身在这个错综复杂的市场，但赚不到钱，也许就是你没有站在少数人的队伍中。当你总感觉自己找不到少数人的队伍时，一个较简单的方法是，你可以去发现大多数人失败的思维，包括你自己，然后运用逆向思维去指导自己的行为。大家知道，**愚者很重要的特点就是意识不到你不喜欢的东西可能别人喜欢，而自己喜欢的别人又往往不喜欢。**

例如近期一买股票就被套，你是否考虑当你发现一个好股票，正想要买进时，不妨再等等，可以等到大跌后买入。实际上只要是投资的事情也是这样子，在即将决策时，希望你停下来，手里的现金必须学会"冷藏"，有时候"不做"也是做。当事物到极致或临界的时候，所反映出来的规律往往是违反常理的。也就是当事物表现出有悖常理特征的时候，则一定是位于临界状态，极有可能会揭示出事物现象背后的本质。

所以，要想成为掌握真理的少数人，在这个商品市场的博弈中，"谬误"越多，反而离成功越近。先要靠近谬误，但绝不可犯同样的错误。

再如，在股票市场，某只股票基本面较差，如下年度再亏损，上市公司会濒临摘牌退市风险，多数人当然是嫌弃抛空，股价一泻千里，跌得很低。但主力资金早有预谋，已了解到该公司下一年度力争扭亏的信心非常坚决，而且又有当地政府拟出面进行资产整合的预期，一旦上述预期变现，主力在低位早已吃足的筹码会上涨许多，此时正是沽出的良机。

但在多数人眼里，当初濒临退市时竟然买进该股票真是不可思议！等到后来，多数人看到该上市公司已扭亏为盈，而且认为如果资产重组成功这只股票还会大涨，现在如不大量买入，那只能是傻瓜，结果，他们又被高位套牢。**普通的股民会在不同的故事中寻找相同点，而能胜出的股民会在相似的故事中寻找出不同点。**

实际上，谬误和真理只差一点点，因为作为两个极端，两极之间反而离得最近，多数人均随大众，少数人只能分占两极。多数人认为的公理，换个角度看它肯定是个谬误。而且多数不可决定单一。

我们以中国的股票市场为例，2009年年初，有色金属板块股票上涨，而某个朋友给你推荐了一个没涨的有色金属股票，你一般会认为它应该也会上涨，就大胆买入，但你没看出整个板块的股票上涨了，而偏偏它不上涨，肯定有它不上涨的原因。果然你买了以后，它不会如你所愿。在股市中多数反而是弱小的，少数往往是强大的，因为在股市零和游戏中，结果通常是少数人挣多数人的钱。

正如前面所讲，假定股市中资金总量是100，22%的资金持有者获得的利润是由78%的资金持有人的亏损所贡献的。也许你要问，不对吧，应该是一半亏损的人给了另一半赢利的人，但你没考虑到，赢利的人中有人由于贪欲，其中50%的资金持有人不会在赢利时去套现，再加上交易费用的损失，以及盈亏的延续，就会出现上述结果。

股市中不可能存在人人都能使用的必赢方法。因为如果存在这样的方法，那么每个人都可以按照这个方法去做。又因为它是必赢的，所以结果是每个人都赢，而股市是零和竞局，不可能每个人都赢，所以不可能存在这种方法，如存在，它实际上也是"必输"的方法。

可见，人人都能使用和必赢是互相矛盾的，如果一种方法是必赢的，那它一定不是人人都能使用的；反过来说，如果一种方法是人人都可以使用的，那它肯定不是必赢的。

不知道大家记得没有，十几年前中国股市上网络概念较活跃。当时多数人认为网络股是最好的股票，后来网络股的下跌幅度反而最大；2007年有色金属板块从2677.82点上涨到了13719.35点，但到了2008年11月，很快又下跌到了1824.06点。

有时候大家进行一项投资交易，或者介入很深，本来这个行为是错误的选择，但人们往往罗列"足够"的证据来欺骗自己和身边的人，这种做法是最荒唐的。而重要的不是你愿意不愿意承认错误，而是在错误的时候你损失了多少！

当然，如果你一定要等找到充分的理由后才出手，肯定会错失良机。能决定你是否行动的唯一理由只能是市场本身。即使某只做多的品种上涨理由很充分，但市场没有动作，就不必成为买入的理由。相反，一个交易产品开始异动了，必然有它的理由，无论它是上涨还是下跌。

心理学家做过这样一个实验：

一个大笼子里关了10只猴子，笼子的上方悬挂了一把香蕉，香蕉和一桶热水连着，只要猴子去抢香蕉，桶里的热水就会泼下来，把整笼的猴子都烫到。开始的时候，猴子并不明白，还是去抢香蕉，但是，只要一只猴子碰到香蕉，所有的猴子就会被热水烫得乱窜。

后来,猴子吸取了教训,再也不敢碰香蕉了。心理学家把笼子里的一只猴子拿出来,换了一只新猴子。新猴子到了笼子里,马上注意到了那把香蕉,伸手就去抓,但是还没等它碰到香蕉,笼子里其他9只猴子就上来把它狠狠地揍了一顿。经过多次挨打,这只猴子也变得十分老实。接着心理学家又拿出一只猴子,换了一只进去。像第一只猴子一样,这只猴子也去抢香蕉,可想而知,这只猴子也被狠狠揍了一顿,而下手最重的则是上次那只被打的猴子。

最后,笼子里的10只猴子一只只都被换了,这些新猴子都不知道不能吃香蕉的真实原因,虽然此时心理学家早已经把盛放热水的桶取下了,但是,那条"吃香蕉就会被暴打"的心理暗示却是很强烈地存在着。

事实上,在投资交易或者股票市场上经常会出现一些像猴子不能吃香蕉这种错误的(盛放热水的桶早已被取走)"潜规则"。

许多人都有这样的认识,总以为在交通工具中,坐飞机比坐汽车危险,"它飞得那样高,不像汽车在地上跑踏实"。实际上,商务飞机造成伤亡的事故率极低,假如每天乘坐飞机,大约要8400年才有可能遇到一次伤亡事故。因此,飞机其实是相当安全的远程交通工具。相比之下,汽车的事故伤亡率极高,全世界每年车祸造成的死亡人数高达30万人,受伤人数高达3000万人。

在股市中，自设立涨停板制度以来，人们往往不愿追入涨停的股票，认为飞得太高，风险太大，实际上并非如此。

例如在中国的股票市场上，追涨停板的股票有时风险反而较小，特别是在相对历史低位。股票涨停后，对本来想卖股票的人来说，他会提高心理预期，改在更高的位置卖出，而对想买的人来说，由于买不到，也会强化其看好该股票的决心，不惜在更高的位置追高买进。所以，涨跌停板的助涨助跌作用非常大。如果拉涨停时股票本身在低位，庄家还在建仓阶段，那么结果只有两种，要么庄家继续拉高吃筹码，给做短线的散户获利机会让其出局；要么迅速拉到涨停，以防止被中线散户逢低抢筹或者被他人抢庄。我们曾在牛市期间统计过一个数据，随机选择2009年1~2月涨停过的20只股票，随后跟踪它3个月后的涨幅，发现最小的涨幅为16.57%，而最大的涨幅达到了192.13%，其上涨幅度及数量与没有涨停过的股票相比，竟然多出了一倍。因此，不买涨停也许就是多数人的又一种"谬误"。

思维的颠倒，比操作的颠倒更可怕

和市场赌气，只有一败涂地

在这个市场，我们发现相当多的投资人，对于自己投资的产品或项目一旦参与介入，经常会出现这样的心态，"我就不信它不给我带来巨大利润"，或"我就不信它不涨"，这种心态是最可怕的。因为当你坚信自己先前的行为是正确的时候，你往往会忽略任何与你结论相左的证据。

你千万不可忘记，你总是有"盲点"的。你可以把买入的每一只投资产品或做多的对象都看成是你雇来干活的人，它们的工作就是在上升趋势中工作。如果你感觉到"它"在暗示你无法完成这项工作时，你应该立即解雇它。一定不可容忍那些无法达到你预期的事项，更不能容忍它出现致命的错误。

世界上有许多事情都不是按照人们的愿望在运行，也有许多事情人们根本不知道为什么会这样。大势如潮，大海中的波浪虽然是由每一滴水组成的，但对于每一滴水来说，它的涨跌，只能随波逐流。"市场永远是对的"，千万不要和市场赌气，千万不可因为情绪化而让自己偏离预定的目标。

人们无论参与什么项目或投资交易，其初衷是为了赚钱，但由于"任性"充斥在我们的意识中，有些人已经患上了"情绪麻木症"，忘记了获取利润的道路上埋下的陷阱。古人云："君子不立危墙之下。"要相信"危墙"准会倒塌，只是迟或早。既发现"风险大于机遇"，又何必留恋不舍？

当进行投资时，假如有一部分人相对于获得，更加看重损失，例如他们选择投资债券与股票的喜好比率是7∶3，结果购买债券造成了一定损失，此时他们认为只有投资股票才是弥补损失的最好方式。这样，这部分人选择投资债券与股票的喜好比率就会变为6∶4。有这样一个试验人们心念的游戏：有1万元，由甲分配，乙可得到甲分配给自己的金额，而剩余的甲可自己拥有；若乙不愿意接受甲分配给自己的金额，甲也不能拿走一分钱，1万元将被收回。从理论上，无论甲如何分配，只要对乙有好处，乙均可接受，但实际上，乙只要认为分配给他的不公平，宁可不拿，也不让甲多拿。

这又是一种"任性"的偏执表现，也是市场上经常出现的冲动、好胜心。这种心态又进一步扩大人们在任何交易市场中的缺陷。

投资就是看心态，心态平和稳定的人才可能会赚到钱。下面这个故事相信很多人都知道。

从前，有一个脾气很坏的男孩。他爸爸给了他一袋钉头被磨圆了的钉子，告诉他，每次发脾气或跟别人吵架的时候，就在院子的篱笆上钉一枚钉子。第一天，男孩花了大量的时间钉了很多钉子。后面的几天，他学会了控制自己的脾气,每天钉钉子的数量也逐渐减少了。他发现,控制自己的脾气,实际上比钉钉子要容易得多。

终于有一天,他一枚钉子都没有钉,他高兴地把这件事告诉了爸爸。爸爸说:"从今以后,如果你一天都没有发脾气,就可以在这天拔掉一枚钉子。"

日子一天一天过去,最后,钉子全被拔光了。

爸爸带他来到篱笆边上,对他说:"儿子,你做得很好,可是看看篱笆上的钉子洞,这些洞永远也不可能恢复了。就像你和一个人吵架,说了些难听的话,你就在他心里留下了一个伤口,像这个钉子洞一样。插一把刀子在一个人的身体里,再拔出来,伤口就难以愈合了。无论你怎么道歉,伤口总是在那儿。"

的确,每个人都有自己的情绪,而情绪是一种很滑溜的东西,让人捉摸不透。但是,不管怎么滑溜,你都要想办法将它捏得紧紧的。因为这关系到你能否在社会上游刃有余地生存。

情绪不是看到的,而是需要我们去感知的。我们照镜子可以看到眼睛、鼻子、嘴巴,也可以冲着镜子做鬼脸或者展现出一副痛苦的表情,但我们无法清楚地看到情绪,好情绪或者坏情绪看似无关紧要,却因为时刻的陪伴而扎扎实实地影响着我们的生活。生活中,面对不同的环境、不同的对手,有时候采用何种手段已不太重要,保持好自己的情绪才是至关重要的。

因而在投资或交易过程之中,不能因为赔了点儿钱就大发脾气，事实上，每个人都需要向市场交学费；也不能因为赚了点儿钱就沾沾自喜、得意忘形，要学会掌控好自己的脾气。特别是在具体的操作交易中，千万不可头脑发热，冲动买入，也不可生气烦躁而随意沽出；千万不可任性，任性完全是自己和自己过不去，与别人无任何关系。商场如战场，只有心怀宽广，方能万事明亮。

犹如莲花不著水，

亦如日月不住空。

成功的投资各有不同，不幸的交易如出一辙

如果说投资或者交易市场上有什么成功秘诀的话，那也只会是：能够在相当长的、获取收益的过程中具备正确恰当的心态与习惯，而且会不断改进与优化。这个秘诀一定会确保你走运，因为它确保你走的是一条通往幸运的、万无一失的道路。

任何投资不可以机械地预先设计每一个具体步骤与细节，而只需一个清晰的思路与目标。但最佳的那个东西必须是能够根据市场变化反复修正的。正如开车要不断调整方向、速度。在股市上，假如你买入了一只股票，上涨了50%，你没有卖出，此后又下跌了20%，也就是你的利润仍有20%（参照成本），但这时由于心态不平衡，你往往错误地认为"参照点"应该是50%的利润，而不是20%，最终又陷入了"负面偏差"，结果一分也没挣到。

当然，你买进的股票或者选择投资的项目也应该从其品

性、品质、类别都与你的做人风格、品位完全吻合,这是非常重要的。

因此,成功的投资者,不仅会在适当的时机选择适合自己的产品与交易方式、交易品种,更重要的是在获取了一定利润的时候又能在适当的时候果断卖出。而且获利了结后,从来不去无谓地再预测市场应该会怎么走,而是耐心地等待再次出现的机会,方可行动。

宁可失去机会,不可失去资金,要懂得**任何投资赚钱机会都是在长期持有现金的漫长过程中去等来的机会**。有时防守退出,是真正的进攻,而且在防守中等于在控制了进攻的"主力"资金。

这正是:

手把青秧插满田,
低头便见水中天。
心地清净方为道,
退步原来是向前。

成功的交易,每个人各有自己的窍门,而不幸的交易,则如出一辙。

如在项目选择或投资品种确定上,有人用技术分析研究交易市场价格的走势,有人用数理统计研究其买卖的产品,有人用财务指标研究公司未来,也有人不懂技术完全靠感觉,或者用周期理论,等等。成功的交易,就是适合自己的交易。

你去观察一些投资失败的朋友,一定会发现,他们有一个共同的致命弱点，就是没有一个好的心态。而成功的投资人能赚到钱，正是因为拥有积极、平和的心态。对于成功者来说，就像一把钥匙只能开一把锁；而失败者的共同点，就是拿错了钥匙或没拿钥匙，或者根本不再想着用钥匙去开锁了，因为他已经丧失勇气了。短线不应该只是频繁交易，而是要通过发现投资产品或交易品种的类别、板块以及短期异动，去选择应介入或卖出的时机，并提倡用中线布局的心态持有它。

　　日本近代有两位一流的剑客，一位是宫本武藏，一位是柳生又寿郎，宫本武藏是柳生又寿郎的师父。当年柳生又寿郎拜宫本武藏为师学艺时，就如何成为一流剑客，师徒间有过这样一段有趣的对话。

　　"师父，我努力学习的话，需要多少年才能成为一名剑师？"柳生又寿郎问道。

　　"你的一生。"宫本武藏答道。

　　"可我不能等那么久，"柳生又寿郎解释说，"只要你肯教我，我愿意下任何苦功去达到目的。如果我当你的忠诚仆人，需要多久？"

　　"哦，那样也许要十年。"宫本武藏和缓地答道。

　　"家父年事渐高，我不久就得服侍他了，"柳生又寿郎不甘心地继续说道，"如果我更加刻苦地学习，需要多久？"

　　"嗯，也许三十年。"宫本武藏答道。

　　"怎么会这样呢？"柳生又寿郎很诧异地问道，"你先说十年而现在又说三十年。那么，我决心不惜下任何苦功，要在最短的时间内精通剑术！"

"嗯！"宫本武藏说道，"那样的话，你得跟我七十年才行，像你这样急功近利的人多半是欲速则不达。"

柳生又寿郎这才明白自己太心急，"好吧，我同意好啦。"

开始训练后，宫本武藏给柳生又寿郎的要求是：不但不许谈论剑术，连剑也不准他碰一下，只要他做饭、洗碗、铺床、打扫庭院和照顾花园。

三年的时光就这样过去了，柳生又寿郎仍是做着这些苦役，每当他想起自己的前途，内心不免有些凄惶、茫然。

有一天，宫本武藏悄悄从他背后溜过去，以木剑给了他重重的一击。第二天，正当柳生又寿郎忙着煮饭的当儿，宫本武藏再度出其不意地对他袭击。自此以后，无论日夜，柳生又寿郎都得随时随地预防突如其来的袭击。一天二十四小时，他时刻练习，柳生又寿郎终于成了全日本剑术最精湛的剑客。

正如俗话所说：心急吃不了热豆腐。在投资市场"心急"也绝对赚不到钱。而在这个市场真正能获得更多收益与利润的人，往往就是那些对大势较为敏感，而对具体波动较为迟钝的那一类人。

成就赢家的，是对手的颠倒操作

大家知道，当遭遇抢劫，大多数人为了逃命往往会把身上的钱交出来，这是出于恐惧。在投资交易上，让对手赔钱的方法大多也是这样，先通过各种方法诱惑对手在高位买入做多的品种，然后再把其价格大幅杀跌，将他们"套牢"，然后又通过利空、恐惧，再逼他们"割肉"即亏钱卖掉，也就是让对手承认失败，认可损失，当然这也标志着赢家已取得了一半成功。

市场非常欢迎这样的参与者，本来任何可交易的品种应该低位买入，获利卖出，但有人却颠倒了操作，买在相对高位，卖在股价下跌后的低位，这样也才能让那些赢家真正获利。而实际上这些可交易买卖的品种，在其价格下跌过程中完全体现了交易市场的攻击性，放空就是攻击行为，攻击意识强就表现在放空意识强。主力资金往往通过市场本身的走势形成在出货之前诱多的图形，让你认为它要上涨而大量买进；而在吸货时又让你觉得它要大跌而大量沽出。

但是由于其价格越下跌，散户越恐慌，抛盘越大，因此高明的主力往往是在高位附近一个很小的盘整区内一点一点卖出；相反，在底部主力收集筹码时故意打压价格，图形好像深挖的一个"洞"，越跌散户卖出越多，即人们通常讲的"震仓"，这样筹码就可以被大量震出来。当然这个"洞"形成的时候谁都会视而不见，只有后来才能真实看到。我们的对手当然就是主力资金，如何才能使主力资金颠倒操作送给我们利润呢？因为你资金量少，也难以主动给主力制造假象，所以应学会获取一种隐形利润，即是博取其价下跌，如果真这样，也就博取了预期的双倍隐性利润。

当你发现，买入一个可交易的品种很难赚到钱，或者如在股票市场上买入的每只股票只能赚一点点钱，而下跌赔钱却往往又是几倍于赚钱的数额，请你全部卖出它，用现金直接赚取指数，也就是坚决有耐心地等待出现大幅下跌。

持有现金等待较适当的下跌，不仅博取了较低的价格与指数，你的现金也完好无损。而且即便上涨踏空了你也不要后悔，你的钱也分毫无损。如果真如你所愿下跌后买入又真的上涨了，则比原来买入下跌而后上涨赚的整整多了一倍。

我们用股票举例，假如某只股票现价是50元，若等待它下跌一半后，你在25元买入，它又上涨到60元，你的股票市值就增长了1.4倍；如果等待它跌到10元，你买入，股票仍上升到60元，你的资金实际上是增长了5倍；如果在50元时买入，之后它仍然上涨到60元，你的股票市值也只是上升了20%。

因此，在这些投资的市场交易中，获取暴利的人，是那些不为上涨所"心动"，而是坚决要等到机会才去"行动"的人。

更让人开心的是，10元买入的股票上升到50元时，只要每上涨20%，则总资产就会比原来10元时翻一倍。

但是人们往往认为，买入一只股票，上涨以后，你卖了出去，赚取了差价，并收回了投资，这一轮买卖的行为已经结束。实际上不是这样。你必须持币到这只股票真正又下跌到最低点时，你的钱才真正赚到手，否则不能视为一个买卖周期结束。因为在之后的时间，大多数股民往往会控制不住自己的情绪，在不恰当的时候又加仓或买进错误的股票，结果又输到最后，而且有时很惨。

我们设想，如果能从高处往下看或从后往前看一些行为，一定会被其荒谬与可悲的交易行为惊呆。有时大家不仅是操作上出现颠倒，更会出现思维上的颠倒。那些在投资交易中永远赚不到钱的人们，往往先投资进去，买入或做多某一品种后，才去给它寻找持有的理由，并期待按自己的"愿望"实现，可谓"颠倒梦想"，其实这是非常可怕的行为。

金钱面前就得信"邪"

把钱仅看成是"符号"

金钱,确实是衡量人类生活水平的一个尺度。一些人在追求生活质量时,往往把金钱作为人生成败和快乐与否的标准。一个赌徒用1000元下注赢了100万元,后又输了个精光,此时他的心态绝不是只输了1000元而觉得无关紧要,而是认为自己真不该赢了以后还继续赌下去,他会为失去100万元而痛苦。正因为愚者错误地认为可以用金钱治疗贪婪,所以想象**"骗来几个亿比骗来几十万容易多了"**。

在证券市场做过模拟仿真交易的人可能都知道,赚钱是比较容易的,翻几倍甚至数百倍都大有人在。当大家满怀信心用自己的钞票来做实盘的时候,却是另一种心态。于是得出一个结论:真钱比较怕亏,所以做不好。

两个围棋高手,在皇帝的命令下对弈来一决生死。刽子手已经准备好,输棋的一个立刻会被拉出去砍头,这时候,这盘棋会下得更精彩,还是更糟糕? 一般而言,肯定会更糟,因为人在这种紧张状态下思维必然会受到影响。

投资交易买进卖出时，普通人亏不起，所以很紧张，一有钱赚就马上落袋为安；而资金雄厚的人亏得起，所以亏一些无所谓，只要不解套就死撑到底，甚至还会加仓。

以股票为例，当你选准了一只价格是10元的股票，因其他原因昨日没有买入，但今天涨了1元时，就想算了，等等吧，为什么多花1元钱呢？结果等到20元了，却出现了另一种心境，认为这个股票"非常好"，应该能涨到40元，结果买入后，就开始下跌……而当你持有一种股票，就算它注定一年后上涨200%，但由于你受到价格上升（钱多了）、价格下降（钱少了）金钱魔力的影响，肯定在上涨过程中会在曲折运动的影响下在各种阶段做出各种相反的操作，到头来你也难以赚到利润。一般人进入这些投资交易的市场，首先想到金钱多少，这当然没错；但他们没有认识到钱不是最重要的，只要你用钱进行交易，就应该认为这笔钱可以是别人的，而别人的钱也可以成为你的这条规则。

因此，在投资市场上的交易行为中，当第一次计划实施后，如果发现实际结果与事先预期有较大出入，或买入某一品种后却下跌了一些时，应该保持冷静，仍按原计划行动。正如前边所讲，普通大众或者散户总会陷入买入之后下跌概率大，不买入却又上涨概率大的怪圈。

这时，如认为自己的选择非常正确，可进行第二次加仓买入，经过这中间的"考验"之后，其结果会令你满意。当然，若出现不乐观的预期效果，也要学会忍痛割爱。否则，金钱反而成了你的心魔，有时会影响你的认识和判断。对于金钱，要以平常心关注它，视它为博弈中的胜负数字；又要超越它，把金钱仅仅看成是金钱，它与生活无关，要学会放弃。

为什么有的人本来思考与设想的交易方案非常好，按此实施肯定赚钱，但是进入了市场"真枪实弹"中，"头脑发晕"就赔了钱？这是因为，在一定意义上讲，**我们所熟悉的这些投资交易市场的"利润"或"收益"有时完全是"思考"出来的，是源于智慧，而不是源于交易。**

对手"最怕"你不看他

投资更需要好的心态，盈亏乃家常便饭，赢了不要昏昏然、飘飘然，亏了不要沮丧，不要骂骂咧咧。亏损有时能让你更加成熟，成为你获得财富的资本。

所以投资产品、买卖股票，要理解赔钱、赚钱的真实含义。赔钱是为"赚钱"而支付的成本，赚钱是已经付出了的"赔钱"成本（折磨的代价）而得到的收获，踏空又是为了防止损失而支付的代价。实际上，在我们的生活中，人们认为有害的东西，在某些情况下是有益的；认为有益的东西，在某些情况下是有害的。**你遇到的系统越复杂，"普遍规律"的效应就越差。**

想要最终赢利，必须追逐亏损。有时亏损，并不是你看走眼或买错了品种，你通过做多买入，才能感受到并发现这个品种的真正走势是上涨还是下跌。而买入就是为了防止踏空，卖出就是为了防止套牢。

因此，关键是看你能不能做到亏钱的时候亏得少，赚钱的时候赚得多，这才是真正的大赢家。例如当你每笔交易追逐到小亏损就平掉，不亏损就耐心"耗着"，如此"追逐亏损"的理念也许是获胜的好方法。有些投资大师曾经建议，在上涨15%即卖出，下跌7%即止损，也许在标的品种在盘整期间是一个赚钱的好思路。

在这个市场，往往是悟性越高的人获得金钱的机会越多，有金钱的人，不一定能获得悟性。而有悟性的人，往往又是那些可以从别人的经历中得到益处的少数人。

美国投资大师菲利普·费希尔有句名言："一个傻瓜和一个聪明人的主要区别在于：聪明人能从错误中学到东西，傻瓜则永远不能。"例如一个小孩把手伸在炉子上，他马上就会知道不该这样去做，因为被烧伤会疼痛。但由于自幼明确了不能把手伸在任何炉子上的道理，反而形成了一个谬误。有时候，把手伸在没有点火的炉子上是没关系的。

实际上，真正与主力博弈，你总是受伤害的配角。作为散户，在分析、研究、资讯、资金上都不是庄家的对手，但庄家也有不为人知的"死穴"，你知道吗？那就是"庄家最怕你不看他"！

因为庄家要利用你的贪婪与恐惧，庄家的阴谋通过"操盘手"悄悄传递给你，他让盘口别有洞天、风起云涌，他让各种走势图形青面獠牙，只要你睁开眼睛看他，你就一定患得患失，惶惶不可终日。当你不看他的时候，当他没有观众的时候，他就会害怕，因为他的钱是有成本的，你能耗得起而他们却不能。

面对一个不看、不闻、不问、不急的人，面对一个无知、无欲、无畏、无惧的人，庄家的一切表演都是徒劳的，这就是他的"死穴"。

而在这个投资交易市场，有时候放手让亏损持续扩大，这几乎是所有投资人可能犯下的最可怕的错误。要明白没有谁不曾亏钱，没有谁是百发百中，因为市场上有太多不确定的因素。在我们参与交易的市场中既要学会止盈更要懂得止损。必须在交易中设置止损点，要像铁律一样什么时候也不可改变，也必须养成爱护你的货币如同爱护你的孩子一样的习惯与原则。

请牢牢记住这个最重要的铁律：**第一是保住本金；第二还是保住本金；第三是牢牢记住前两条。**

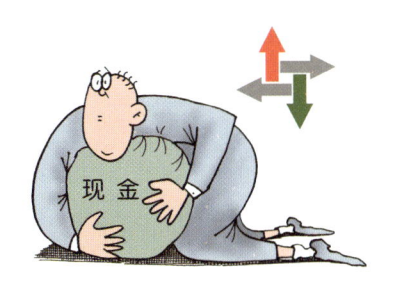

赌徒的谬误

在赌场上，有一种现象叫"旺"或"邪"，例如你在抛硬币游戏时，会连续好多次出现同一面，比如连续出现了10次反面，这就是人们称的"邪门"。当连续出现了3次或5次反面时，往往大多数人就不信这个"邪"，其依据就是认为正反面的概率各50%，平均两次应出现一次正面，连续几次出现反面了，自然应该出现正面。人们把这一错觉叫作"赌徒的谬误"，是指人们错误地认为某一事件的发生概率会因为最近是否发生过这一事件而改变。关于赌徒的谬误，最为经典的案例是1913年夏天，蒙特卡洛赌场轮盘赌中的轮盘竟然连续26次都转出黑色。大家仔细想一想，如果不是邪门，那么抛币游戏中，硬币岂不是有记忆吗？这当然是不可能的。

换句话说，你如果不信这个"邪"，你将输得很惨。因为有时候，在反面连续出现了3次或5次后，反面也可能连续出现5次以上。这是一个概率问题。

"强者恒强"不仅是生灵的特征，也是任何市场的真理。"凡有的，还要加倍给他，叫他多余；没有的，连他原有的也要夺过来。"

有这么一则故事：

一个富翁给他的3个仆人每人1锭银子去做生意，1年后，该富翁召集这3个仆人，想知道他们是如何处置各自的银子的。于是3个仆人依次汇报各自手里的银子到底有多少。

其中第一个仆人靠那锭银子赚到了10锭银子，第二个仆人赚到了5锭银子，第三个仆人原封不动地将银子捂了1年，一个子儿都没赚到。

富翁当然满意于第一个仆人，而不满意于第三个仆人。

但没想到的是，这位富翁却命令第三个仆人把那锭银子也拱手相让于第一个有胆有识的仆人。

当然，我们所讲的投资交易市场里信的这个"邪"，与前边谈到的"任性"完全是两个意思。这里的"邪"是交易市场客观存在的现象与实际；而"任性"是主观心态与市场相对的情绪，就是与市场作对，而信"邪"就是认可市场，并与市场同步。

相反，本来你投资做多买入的某一交易品种非常好，如你所愿上涨到了你的预期价位，但你没有止盈去获利了结，这样最终可能又跌回原价。之后的几次买入，它却往往不会再上涨到你的预期价格。

这就是说，要先赚小钱，不可有一夜暴富的思想。交易及买卖也是这样。把你所参与的这个市场的"财气"先一点一点聚集到你身上。但是大多数人们最常犯的错，也是最令人沮丧的错误之一，就是不能去果断锁定已经实现的利润。

一笔交易赚了35%的利润，可谓皆大欢喜，可那是纸上利润而不是真正的现金，你应该以目标价位为准绳，养成在一个相对保守的目标价位卖掉部分品种的习惯，这样就可锁定一大部分利润。千万不可由赢利变为亏损，否则之后的"财气"也很少去找你！

而投资的这个"邪"不仅出现在做多的品种上涨时，在其反转下跌时，更是这样。

在股票市场，大盘若连续下跌三五天，一般会有一大批人去抢反弹,但最终又被套牢,特别是在大幅下跌了许多之后,绝大多数人又往往会把所有积蓄拿出。股市中的这个"邪"会让你输得更惨!

在股市中如何去信"邪"?要懂得"风水轮流转"的道理,一般股市每隔两年就会出现几个非常强势的板块,无论是牛市还是熊市。你选择股票时,必须认准哪些是真正的强势板块,绝不可离开这几个强势板块。

股市中常见的情形是,若你买入的股票下跌了许多,你再选择另一只股票,下跌得会比先前还多;而若买一只股票上涨了许多,再换只股票还是上涨,这就是人们炒股中出现的累积效应在作祟。

因为人性喜欢追逐,人们一般愿意花100元去听著名音乐家的演唱,而不愿花10元钱去听不知名者的演唱。财富会主动倾向富有者,这是"赢家通吃"的道理。因此越上涨的投资品种,越有人愿意花高价钱去做多买入它。

正如人的风险承受能力一样,并不是年龄越小承受风险能力越大,而是年龄越大承受风险能力也越大。如一个人活到90岁或更老时,他(她)连死都不怕了,还怕什么?因此,被交易的品种价格越涨,其买入风险可能越小。股市常有"新高为低,新高孕育新高;新低为高,新低孕育新低"的说法。

任何投资领域都有一条赢家法则,那就是:不买落后的无人问津的品种,不买平庸的东西,全心全意地锁定"领头羊"。而交易并不是一味地低买高卖,有时它是涨了又涨,可以高买之后再高卖。

掀开财富的面纱
赚大钱的人总能悄然远离市场
财富给直觉对的人

06 聆听直觉的声音

H

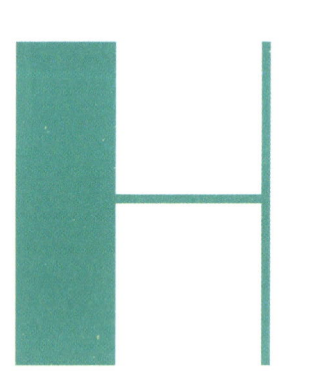

掀开财富的面纱

寻找抹不掉的"脚印"

在投资交易市场，无论是股票交易、期货交易，还是债券交易、外汇市场交易，你从计算机屏幕上看到的各种形状的K线图，无不显现出简洁之美，好似万物之脚印，简洁而生出繁茂；像蜡烛一样的柱体与曲线的搭配，可谓"斜影风前合，圆纹水上开"，天衣无缝，相得益彰；而不同时段的周期相交汇且变换出各种形态，可谓大自然鬼斧神工的显现。

日升日落，春去秋来，自然界的运行，遵循着自己的规律。而涨涨跌跌的K线，又如同五线谱的音符，按照自己的节奏，谱写着乐章。如山川，如波澜，既有无限风光的险峰，也有修身怡情的谷底。时而波涛汹涌，浪遏飞舟；时而和风细雨，缠缠绵绵。让人欣赏它雄伟的峰谷，赞叹它浩瀚的波澜。它们变化的各种形态就是这些交易品种运行的轨迹，有时又是多空双方斗智斗勇的脑电图，是庄家操控价格运行留给人们难以藏起来的把柄。透过形态，既可看到庄家的肆意妄为、得意忘形的霸气，又能见到其面带笑容、皮笑肉不笑的狰狞。

K线本身难以反映完整的交易行为，但却像人类在大地走过的脚印一样，是最原始、最根本的东西。若完全离开有形的K线，那么无形的"道"也将不复存在。大家知道，K线图是每天的高低价形成的图形，买方在不同阶段（年度、月度、每周等）的平均成本价格又形成了不同阶段的均线，而均线有时在年、月、日K线上方，有时在年、月、日K线下方。由于大众投资者的追涨杀跌心理作祟，当日K线在均线上，表明这一阶段买方大多数人买入价低于市场现价，账户上是赢利的，心里感觉挺好，不会主动卖出。这也揭示了其价格形成多头排列为何是介入的时机之奥妙。

　　被人们称作投资品种的生命线的60日均线系统，形象地讲，可以比喻为交易市场的心脏，而MACD（指数平滑异同移动平均线）则相当于呼吸系统，那么，它的血液循环系统又在哪里呢？不用说，那就是它的成交量了。所以我们只要掌控好这三个基本要素，就已经摸到其脉搏了。

　　而均线的走法很像波浪，长期均线更像大浪，弧度雄厚高大；短期均线像小碎浪，单薄细小。假如我们把均线形容为一个弹簧片，则价格就像一个被橡皮筋拴在弹簧片上的小球，这样，均线就具有支撑价格或撅压价格的功能。当橡皮筋在弹簧片之上或之下偏离到一定程度时，弹簧片很快把橡皮筋拉回，也就是人们在其分析中提到的价格与均线的"乖离"。

而若处在一个多头市场中，其价格持续位于均线之上，就代表着当前价格是高于市场的平均成本，即多头的持仓应该处于获利状态，也只有这种情形才会有越来越多的人加入多头行列。随着价格持续上涨，短期的均线就会向上靠，长期的均线又会向下靠，这时就称为均线的多头排列；相反，如果处于空头市场，这个交易品种的价格持续位于均线之下，这就代表着当前的价格低于市场的平均成本，即空头处于有利状态，这时又会促使越来越多的人去加入空头的行列。

假如我们把均线比作一个公司的法人结构，年线即是"董事会"，月线就是"经营层"，日线就是你"自身"。"董事会"决策不当，年线下穿月线，而"经营层"只能执行"董事会"决议，月线抵不过年线的趋势，趋势看跌；如月线下穿日线，你自身又如何能抵挡过"经营层"的统一部署，故中短期看跌。相反，如"董事会"决策科学或与"经营层"高度一致，年线与月线走平，你本身也积极向上穿越年线或月线，当"董事会线"与"经营层线"向上趋势渐露之时，再加上成交量的温和放大，就好比整个市场上也有人开始拥护"董事会"的决议，预示着该品种的价格将向上运行，进入牛市。

实际上，如果庄家利用K线迷惑你，这种迷惑的真假程度如何，也是可知的：如果分时线或30分钟线成空头排列，而60分钟线、日线、周线、月线、季线、半年线、年线是多头排列，这种空头排列的假象率——也就是假的空头现象将高达99%；如果60分钟线形成空头排列，而后面的日线、周线、月线、季线、年线是多头排列，则假象率为95%；以此类推，每进一个时间度，假象率的下降幅度往往为上个幅度的两倍。这样，日线空头，后面的其他线多头，假象率为85%；周线空头，后面其他线多头，假象率为65%；月线空头，后面其他线多头，假象率为25%；半年线空头与年线空头时，则是真空头。

假多头也是这样，若年线、半年线、季线、月线、周线、日线空头排列，而60分钟线多头排列，则假象率为95%；日线多头排列，它之前的60分钟线、30分钟线均为空头排列，假象率为85%；周线多头排列，它之前的各期均线空头排列，则假象率为65%；月线多头排列，则假象率为25%，也就是真多头真实率为75%；半年线、一年线多头，则为真多头。这种推论的依据，是在于人的贪婪远胜于恐惧，也就是贪婪的上限比恐惧的下限所超出的幅度大了许多，但唯有恐惧能战胜贪婪。当恐惧到了最底线即"不怕死"的时候，就会戛然而止。

所以当一只可交易的品种的市场运行的曲线一旦形成年线、月线、日线的多头排列，由于人性的贪婪无止境，在一年或更长时间内是难以发生反转下行的，所以K线脚印看似一样，其结果完全不同。

人的一生，总是要经历许多不可预测的事情，但是必须守住最后的防线，是我们应该懂得并坚守的"道"。

财富在市场面前很少讲话

投资交易中，买多或做空，其所购入品种价格的上涨与下跌，导致投入资金的获利或亏损，而赔与赚就是资金买卖行为的结果。而资金逐利的过程，也是资金在不同时间段的集结过程。这种交易中的博弈，便是控制不同资金量的不同的群体在追逐利益的过程中，通过上述行为进行的资金再分配。

每个人面临的被对手攻击率与自己的资金量成正比，而且每个人承担的被攻击率刚好等于自己的资金量。即钱多的人，对手想从他那里赚到的钱也多，他受对手攻击的概率也高；钱少的人，对手指望从他那里赚到的钱也少，他受对手攻击的概率也低。那些所处明显地位的恰好容易被主力获利的人，则被攻击率最强。而与主力没有直接对抗关系的竞局方，被攻击率也最低，甚至为零，即主力根本没有使他们受到损害的打算。也就是主力资金认为攻击实现不了利润，就不会集结资金去那里逐利。

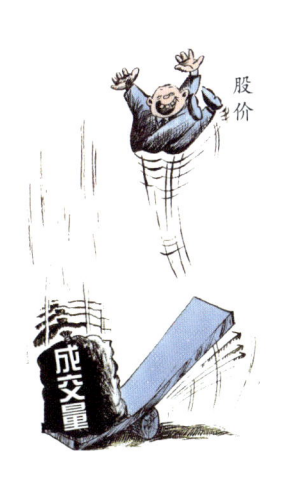

因此，我们拟介入的任何投资品种，应该是资金主动集结能够放量上涨或参与做空放量下跌活跃的品种。避免介入那些成交稀少的不活跃的交易品种。例如优质的股票，应该在行情向上突破的过程中，成交量也一定同步放大，因为这代表空方进场买进、空头回补，甚至翻空为多。

通过积蓄可观的动能，能够直接穿越支撑位压力区。如成交量没有放大，说明市场上交易者参与的热情不够，突破无效的可能性就大，因此突破过程中成交量没有放出，后市就会变得不确定。而且这些被买卖交易的对象，上涨中的量大量小，往往也由买方来决定；下跌中的量大量小，又是由卖方来决定。

如前所述，无论一只股票的技术图形如何变化，主力资金均可通过手法迷惑大家，就连难以造假的成交量，也可以通过频繁的"对倒"制造出来。只不过制造日线或分时线的迷惑性所用的资金量与精力，会远远小于周线与月线。

简单来讲，若市场其他条件不变，假设对某个股票的日K线"造假"，所用资金1000万元，所用时间4个小时；则对于周K线来讲，所用资金就是它的5倍，即5000万元，时间就是一周；而对于月K线来讲，资金又是它的21倍（每月交易日平均按21天计算），即2.1亿元；对于年K线讲，则将高达25亿元。这也是大家认同的年线、季线难以"造假"的原因。而成交量如果放大，有可能有"对倒"的虚假因素。

因此在当今的信息能量增长的时代，就像是一个说话不能自制的人：他嘟囔越多，听他说话的人反而越来越少。在我们的周围也是这样，普通人更容易因说出的话而后悔，而杰出的人反而为自己未做到沉默而后悔。

俗话说：闷声发大财。在这个资本角逐的市场上，唯独交易品种的成交量缩减或较小的现象才是绝对真实的。因此，在其价格涨跌的历史中，地量不一定是地价，但地价必然是地量；天价不一定是天量，但天量又往往是天价。所以，买卖交易或做多、做空的艺术也就是量价配合的艺术。

如果把你参与买卖某品种所在的市场板块或指数比作一辆铁制的滑车，那么让整体综合指数向上涨，就意味着向上推车。刚开始时，只有两个热心人去推，暂时还推不动，但周围人群中的热心人陆陆续续地加入到推车的队伍中，车开始上坡并慢慢爬动了。这时，更多的人看到有利可图，便蜂拥而至，加入推车上坡的队伍中，于是，车就向上冲顶。但坡顶即将到来，越往上需要的能量越大，从坡底一路推上来的人已是"心有余而力不足"，一些人首先从推车的队伍中退了出来，这时，车再要向上冲就难了。当这些品种价格在上扬初期，交易量越小，反而后市越乐观。所以，我们不可在成交量大增之后买进上涨末期的品种，也不可随群众起舞。

基于以上，我认为，缩量的月线、季线、年线，甚至是周线，是较为真实准确的技术分析依据。而日线、周线、月线、年线就是被交易品种在短、中、长线的形态。日K线一般受消息面左右，周、月线受基本面左右，年线受产业面、宏观面左右。所以，在这个市场上要想获取超额利润，应该学会看年线或半年线，以决定是否加入投资交易的行列。看日线则是找买点，决定哪天买入；看周线则是寻找止损位，决定哪天卖出。若"大盘"指数下破季线，就应等待长期下跌后再行按前述方法介入。正如前面所讲，若不迅速离开市场，由于贪婪、恐惧等弱点，你会被其价格的上蹿下跳扰乱而忘了初衷，致使你做出极为荒谬的举动；也正因为人类这种弱点，才造就了在买入卖出的自相矛盾中仍然胜出的那些极少数富豪。

时间会诉说一切真相

时间也是具有扭曲性的，有时我们单看某一段时间内的市场变化完全是下跌的趋势，但过了一段时间，再回头看，才发现那时实际是上涨中的一种波动，根本不是下跌；相反，本来这段时间是上涨的趋势，但过了一段时间，再回头看，实际上又是下跌中的一些波动，根本没有上涨。所以，时间可以澄清一切投资品种走势图形带来的假象。正如在海滩，只有退潮时，你才能知道谁在裸泳。

所以，我们看价格走势图，必须让时间跨度大一些，这样才能看出它的真实趋势。若离得太近，甚至日线、周线也不看，只看分时线，你根本不会知道它在干什么。距离不仅产生美，而且能展现其中的奥妙。距离产生美的故事，莫过于下面这个。

两只刺猬为了取暖，只好紧紧地靠在一起，却因为忍受不了彼此的长刺，很快就各自分开了。可是天气实在太冷了，它们又想靠在一起取暖，然而靠在一起时的刺痛使它们又不得不再度分开。就这样反反复复地分了又聚，聚了又分，不断在受冻与受刺两种痛苦之间挣扎。

最后，刺猬们终于找出了一个适中的距离，既可以互相取暖而又不至于被彼此刺伤。这也告诉了我们一个如何与人相处的经验：在人际交往中，距离是一种美，也是一种保护。

旁观者清，就是因为离发生事件远了一些的缘故。把时间往后推几倍于前边的时间段，再回头看，上述结论有时又会朝相反的方向变化，就像投资交易市场的任何走势技术图形上的年线、半年线、月线那样。

在自然界中，任何物质和事物不会脱离对称性而独立发展，凡是固定或有形的东西，往往具有对称性特征，因为缺乏了对称性，一切都将失去"形"。20世纪20年代，俄国经济学家尼古拉·康德拉季耶夫根据有限的数据证明：现代资本主义国家的各种经济循环周期，也往往是重复一种持续近60年的发展与收缩的循环规律，并形成有节奏的经济与社会趋势。如美国几十年来商品价格指数走势完全呈现出有节奏的周期规律。

最具有代表性的周期波动循环是25~27年，其次是16~21年的循环，25~27年的循环和50~60年的循环节奏规律更加明显。曾有专家指出，大约有上百种以上不同的自然、社会、经济现象都在遵循16~21年循环的节奏规律，其中包括小麦价格、咖啡价格、木材价格、利率、人口、太阳黑子等。

因为自然界中的一切事物的变化发展往往会遵循时间周期有秩序、有节奏地进行波动，而且事物这一次的变化状态，又必然会成为预测下一次变化状态的依据，这样，周期发展节奏的对称性也就自然而然地成立了。

我们不仅从时间上看，还应该从空间上去研究。从空间看任何买卖品种的曲线图也往往是对称的图形，随着时间推移有时会出现不对称，但再往后又会惊人地变成对称形状。美国华尔街王牌操盘手马丁·舒华兹认为："市场在上涨和下跌过程中所花的时间是一样长的，而且左右对称。"因此我们参与交易的市场看似是无序市场，实际上是无序中的有序与有序中的无序。从时间上看又是短期无序，长期有序。而且这种波动性的趋势随着时间的变化会呈现"回归性"的特征。

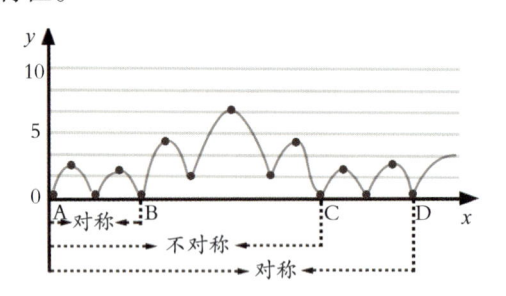

波动性趋势图

比如上图，从A点到B点是对称的，但从A点到C点又是不对称的，而从A点再到D点却又变成对称了。不管你看到的是圆弧底、矩形，还是三角形、头肩底、头肩顶，或者是旗形反转、V形反转，最终均会趋向于从不对称图形向对称图形发展。所以趋势中，主力难以作假，而在短线中很容易作假。在技术分析中就要在短线现象变化中去伪存真，发现长线走势。

在交易品种的价格与时间的关系中，我们认为时间是横轴，而价格是纵轴，当价格急骤下跌时，则时间跨度一般会较小；而价格慢跌时，即每一阶段跌幅不大，则时间跨度一般又会较大。也就是通过时间又可发现，如果价格慢跌，但时间跨度不大，则下跌空间还有。上涨亦然，若大幅上涨，往往时间较短；而慢慢上升，往往时间又会较长，也就是当交易买卖的品种价格缓慢上升时，如时间跨度不大，则上升空间还有。

正如"因果"对称一样，有多少因就有多少果，只是时间未到，有多少果便证明曾经积累过多少因。况且宇宙就是平衡的宇宙，只要上涨多少，积累获利筹码就有多少，将来就会下跌多少，回吐割肉筹码就有多少，否则就不平衡了；相反，价格下跌多少，积累套牢盘就有多少，将来就会上升多少，获利筹码就有多少。这样才可平衡，也符合零和游戏规则。有时低位守拙购买别人舍弃之筹码，市场反而满意，将来必有厚报。所以"不能有分别心"，有时分别心往往是真谬误。

在我们参与的这个投资交易市场，时间、空间也相互影响，相辅相成。价格变换好比空间，什么时候变化好比时间。而且预期的价格反转时间一旦落空，再进行预期的等待时间应该加倍叠加。

即对于交易的品种价格来讲，若预测其下跌一半后应该在10个交易日之后开始上涨了，结果10日之后没有上涨，这样再预期的时间经过叠加应再等20个交易日才对；如果又等了20个交易日也没有出现上涨，这样再经过叠加应该再等40个交易日才对。再如综合指数，若预测在3个月内开始回升，却没有，则应该再等6个月；若仍未回升，则应该再等一年以上，这种重复再等待的叠加时间一次比一次长。

我们如果把时间分为"物理的时间"和"心理的时间"两大类，这样当你紧张时，你会觉得红灯的时间特别长；加班到9

点或10点时，总觉得已到了深夜而疲惫不堪，但是如果换成打牌、饮酒、泡吧，同样是9点、10点，却不觉得夜已深了或感觉疲惫。这就是爱因斯坦谈到时间的相对论时为什么这样讲：与朋友在一起，一小时感觉比一分钟还短；若让你坐在一块烧热的铁板上，你又觉得一分钟比一小时还长。这就是预期的心理暗示。所以要守住现金，耐得住拟投资交易的品种慢慢下跌的寂寞，不可轻易抢"反弹"，这样等待的时间反而会觉得缩短了许多。

赚大钱的人总能悄然远离市场

投资的天才，在于持久的忍耐

世界上任何事情要想成功都需要耐心。要投资，则必须与交易或买卖的对象有相处的时间，否则不会得到好处，急功近利要不得。

在这个市场上赚钱的机会，有时会给予那些能耗得起的人。在大趋势转跌时，手拿现金耗得起；大趋势转升时，手拿做多的品种也耗得起。各种交易市场中，最大诀窍就是懂得怎么去休息。也许你认为休息谁不会，但绝大多数投资者就是不会！一个月不看行情的大有人在，三个月、半年、一年不看你能做到吗？

有时，在这个交易市场持有现金的忍耐，比持有所交易品种的忍耐更重要。大家知道，猎豹是世界上跑得最快的动物之一，但它捕捉任何动物时，必须等到完全有把握才出击，有时甚至不惜在树丛中等上一周以上，而捕捉的又往往是跛脚的小羚羊。

我们投资的过程，也应该是等待的过程，发现好企业、好的项目、好的交易品种，就应该等它进入安全边际方可投入,然后再等待其成长带来的超额回报。例如,在股市上,身边的人讲股市涨了,你能按捺住吗?尽管每个股民心里都懂得耐心很重要,但凡买入股票,很多事情就会发生变化,股价短期内的波动、时政事件的发生,以及金融媒体的传播作用,往往能够让一个人的耐心化为乌有。

做投资,只有理论深度提升了,思维水平提高了,你才能挣到钱。遇到每一次财富再分配及"大机会"时,即使你准确地判断,你的认知也正确,但过程却会相当"惨痛",真正好的投资者,既能看准未来,又可做到耐心等待未来兑现,在等待中,你一定是要受尽煎熬的。好的价值投资者都是逆向行动者,别人恐惧我贪婪,别人贪婪我恐惧。所以,你一定要战胜本能。这条很多人就战胜不了,因为独行太难了。

你真的能等到大家均"伤痕累累",谈股变色的时候吗?因为只有在等的过程中才能真正集聚你的行动能力。

有句话叫"沉默是金"。面对沉默,所有的语言力量都会消失得无影无踪。

在生活中,你可以不去攻击别人,但一定要保护自己的防卫网,这里有个小秘诀:不妨装聋作哑!

因此面对你的沉默,攻击你的人多半会在几句话之后就仓皇地且骂且退,离开现场。如果你还装出一副听不懂的样子,那么更能让对方败走。不过大部分人都做不到装聋作哑,所以一听到不顺耳的话就会回嘴,其实一回嘴就中了对方的计。

在投资交易市场里也讲究"沉默是金"。"多看少动"

永远是金科玉律。

古人讲"一动不如一静",而且"天才在于持久的忍耐"。成功的投资者要达到较高层次,就要看你忍的功夫。**"心随物转即众生,心能转物即如来。"**

例如,甲和乙发生了一件不愉快的事,对于甲来讲,本来没什么实质性影响。但若乙发了脾气,甲又非常气愤,等于甲受了乙的干扰,乙让甲高兴甲就高兴,让甲不高兴甲就不高兴,即乙可"转"甲,甲就由人变成"物"了,被人所转。

我们每个人挣钱,其目的就是用挣来的钱为自己所用,让它服务于自己,想怎么花就怎么花,这是人可转物。而你本来富有,完全可以使自己过得快乐,但你始终不能满足,经常拿别人的"优势"比自己的劣势,每天生活在困惑、烦恼中,这就是物可转人,人成了物的奴隶。

张三买了宝马车,你还是本田;李四新购置了一套别墅,你却仍是两年前买的两室一厅,内心因此变得极为不平衡,每天烦恼。这岂不是宝马车、别墅等身外之物转了你本应快乐的心境?

再好的投资品种也有它"不听话"或"发脾气"的时候，你本来买到了一只潜力股，但你每天每时总盯着它的变化，一会儿上涨，你就喜乐，一会儿下跌，你就忧愁，大涨激动，大跌恐惧，你的心境完全被无规则的物所控，最终会折磨得你割肉出局或放弃机会。而你若能超脱转物，不管它上还是下，不管是涨还是跌，好像与己无关，结果恰到好处地在一定时期内坚决持有，等一年或两年，回头再看已经翻了几倍，岂不是你控制了有规则的物，与你当初预知预感一样，就像你让它涨到多少，它就会涨到多少。

不以涨喜，不以跌悲。有时候，看似柔弱无力，出手招招犀利。如果做多某一品种，一时的上涨就喜悦吹嘘，则换来的只是亏损时的独自"享受"。当然，"静"不代表懦弱，是为了今后更有利地出击，达到一出手就赢的较高境界，这种静观其变、超然物外的坦然心态会使你成为市场中的大赢家。在具体操作中，不再计较蝇头小利的得失，不再评判一时的对错，站在高山上迎风而立，俯视终日厮杀而不为所动，宁心静气地等待时机，那才是高手成功的境界。

例如在股市中炒股的"天才"股民，就是在牛市到来能抱牢"牛股"不轻易松手的股民。**一旦看准，要像鲨鱼死死咬住猎物不放一样狠。**买入股票，实际上是投资这家企业，而不是买卖股票本身，没有持有某只股票几年的想法，建议你不要碰这只股票，如果你不是短线操作高手的话。买入一只股票，期望它明天就上涨是十分愚蠢的行为。如果守不住赚钱的股票，却能死抱住套牢的筹码，其最终结果是"捡来的是皮，失去的是肉"。忍不住买股票，舍不得卖股票，又是我们散户亏钱的最大原因。股市中天才的股民，是那些当找不到符合他选股标准的投资机会，就绝对会耐心等待，一年甚至几年，一直到发现机会的人。

忍的功夫在"心"上，忍是心上一把刀。投资交易实际上就是控制的艺术。当然，有时遭遇太多、太过痛苦往往容易使人放弃，而过少的痛苦又不足以使人行动。因此，遇到适度的痛苦与挫折，反而最容易得到感悟与帮助。

苏东坡以为自己禅定境界很高了，曾经写了这么一首偈子：

稽首天中天，
毫光照大千。
八风吹不动，
端坐紫金莲。

苏东坡派人拿这首有点自诩味道的偈子去给江对岸的一位禅师看，禅师阅后在原纸上批了两个字：放屁。仆人把信带给主人，苏东坡一见禅师批了"放屁"两个字，立刻过江去质问。禅师已先在岸边等候，见苏东坡过来，哈哈大笑道："八风吹不动，一屁过江来！"

苏东坡之所以急匆匆过江去找禅师，说明他当时很生气，所以虽自诩八风吹不动，还是被一屁打过江去，这还是境界不够高。常言道：忍一时风平浪静，退一步海阔天空。股票投资，快不如慢，狠不如稳，准不如忍。若无非凡定力，难以承受。不能忍好比果子未熟，青涩难咽，唯有忍者方可尝到甜美之实。

经商赚钱，不可遍历所有风景

在投资交易市场，如果自认为"聪明"，连最小的价格波动也想获取差价，这样的人就是一个不可救药的赌徒。这就像一个在赌场玩轮盘赌博游戏的人，不停地从一张赌桌跑到另一张赌桌，到头来什么也赚不到。

富达公司创始人爱德华·约翰逊二世把股票比喻为异性，他说："你所购买的股票是你不得不接纳的另一半，买股票吧，那是你如胶似漆的伴侣。"视股票为另一半，但绝不是普通意义上的另一半，而是与你有着唯一又排他的特殊关系的另一半。

如果你总是看到别人的股票涨了，而自己手中的股票还躺在那儿不动，于是就放弃它，又集中全部资金投到那个涨了的股票中去，没想到本来涨得很好的股票你刚买入就荡起了秋千，晃悠得你头晕目眩，这个时候回头去看，那个刚刚被你抛了的股票却似黑马奋蹄绝尘而去。于是你恨自己，然后再追，钱没有赚到，已被折磨得痛不欲生。实际上，往往在你买入持有的股票快要上涨时，诱惑你的"好股票"也会频频出现。

有一个这样的故事，或许能让你明白其中的道理。

艾森豪威尔年轻的时候，一次晚饭后跟家人一起玩纸牌游戏，连续几次都抓了很烂的牌，他开始不高兴地抱怨。妈妈停了下来，正色对他说："如果你要玩，就必须用你手中的牌玩下去，不管那些牌怎么样。"他一愣，听见母亲又说："人生也是如此，发牌的是上天，不管怎样的牌你都必须拿着，你能做的就是尽你全力，求得最好的效果。"

很多年过去了，艾森豪威尔一直牢记着母亲的这句话，从未再对生活存在任何抱怨。相反，他总是以积极乐观的态度去迎接命运的每一次挑战，尽己所能地做好每一件事，从一个默默无闻的平民家庭起步，一步一步地成为中校、盟军统帅，最终成为美国历史上第34任总统。

在股市上人们绝大多数的交易决定是在心态最脆弱时做出的。美国投资大师彼得·林奇也曾讲过做股票要专一，牢牢把握方向，不能产生非分之想。在股票面前，一定要理智，要冷静，有节制，不能见到它就"动手动脚"。股票如身在股海不可"花心"，花心是要付出代价的。持股策略一如对待另一半，你在另一半那里得到了什么，在股票上就得到什么。

老子在《道德经》中说："不知常，妄作凶。"一个人不知道常规，就开始乱变，最后只有一个字，那就是凶。刘向《说苑》中又说："国虽大，好战必亡。"人一味乱变，变到最后，如果连根本都变掉了，自己就失去了立身之地，这是非常可怕的事情。因此，所有的变，都不能离开规律法则。但是这种规则如果大家经常使用，也就又不灵验了。

在股票市场上，不少股民今天买了一只股票，明天又换成另一只股票，一次次地换股。换股确实能带来短暂的新鲜感，但是我们进入股市是为了赚钱，而不是为了追求这种感受。频繁换股，是致人灭亡的"毒药"，也赚不到利润。因为频繁换股会使你增加对股票的陌生感，结果往往是"一买就跌，一卖就涨"。特别是一些人越是亏钱，就越着急地买卖，这样试图用更多交易把亏损赚回来的想法大错特错，结果当然是亏得更多。

生意场上有这么一句老话："牛会赢，熊会活，猪会死。"一般散户大多是"聪明人"，可惜，他们的毛病就是太聪明。这号人任何时候都想多赚钱，但又随时准备做空跑人，简而言之，他们是"滑头"。在股市中，你可以做多头，也可以做空头，但是绝不要做滑头。

有趣的是，在这些年我接触的人中，他们经常沾沾自喜地自称"滑头"，今天看看技术图，明天又看看波浪数；今天买了一只股票，两天赚了10%，高兴得不得了，把它卖出去，果然它跌了一些，更兴奋，感觉自己就是专家、股神。

但是，他们却不知道，真正的炒股技巧就是没有技巧。他们永远赚不到大钱，再过一段时间，这些人肯定亏钱，这个道理说穿了很简单：世界上根本就不存在什么方法，能让这么多人持久地赚钱。

如果单从买入、卖出价格正确率与操作次数之间的相关性进行统计分析，随着操作次数的增加，买入或卖出的正确率反而降低（赚钱与不赚钱均是这样）。

大家知道，由于掷骰子、抛硬币是正向随机的，也就是随着骰子和硬币被抛掷的次数的增多，由于平均作用力，其随机性反而越来越小。股票交易则不同，虽从理论上来说，正确预测每天上涨下跌的概率各占50%，但股票涨跌受各种因素的合力影响，完全是反向随机的。当你操作频繁时，甚至每增加一次操作，正确率就会降低5%，最后离50%的正确概率越来越远。因此"运动增加，回报减少"。

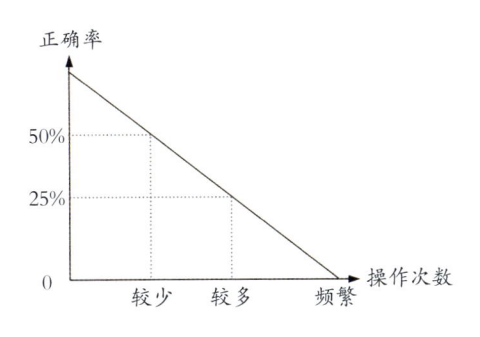

操作次数与正确率成反比

2000年《上海证券报》调查样本显示：2000年上半年沪深两市大盘平均上涨42%的大牛市中，只有28%的散户投资者赢利；15%的投资者持平，占大多数的57%的散户投资者亏损。在盈利者中，大部分盈利额在20%以下，占61%，盈利额在42%以上的仅有7%，就是说，上半年只有7%的散户跑赢了大盘。2000年上半年散户的操作频率，30次以上的有43%，20~30次的占39%，10~20次的为10%，10次以下的只有8%。这一组数据说明了在2000年上半年的大牛市中，57%的散户亏损与15%的散户没赚钱的重要原因。

所以，频繁换股，是股市中最愚蠢的行为。经商投资更是这样，世界上许多百年老店，就是因为把一个行业或者一个产品做精做细，最后做大。比如肯德基、西门子、六必居、雀巢、同仁堂、全聚德、"狗不理"、荣宝斋、九芝堂等，这些老字号之所以能够长盛不衰，就是认准一个事情越做越好，让全世界家喻户晓。

远离市场，才可能成为市场的高手

你若想在哪一个市场真正赚到钱，而不只是账面上的数字，就应该经常离开这个市场。真正的交易高手不进入场内，而是一直游离在场外，在场外等待机会。他们绝大部分时间都是在仔细观察市场，而不是在交易。因为在市场上，任何可交易的品种每时每刻都在波动，有时候价格涨跌又会是主力资金制造的假象。

蚂蚁从屋底爬向屋顶，对我们来说，肯定是从下向上吧，但在蚂蚁看来是没有上下概念的，只觉得仍在平面上行走，因为一堵墙对一只小小蚂蚁来讲太大了，大到根本看不到墙的整体。而人的眼睛离墙有一定的距离，反而能看清蚂蚁不是简单地在平面上前后、左右行走，而是自下而上行动。正如我们站在山顶方可看到山脉的走势一样。

因此，掌握了投资市场的大趋势后，就应果断离开它，离得越远越好，看到它一年的趋势就离开一年，看到它两年的趋势就大胆地离开两年，以防止被它蛊惑。否则你身在这个市场中，本来是向上回升或向下下跌的趋势，你却像"蚂蚁"对上下没有感觉一样丧失了判断。

你若每天身在频繁波动的市场上，距离市场太近，出现任何风吹草动都会左右你的行为，这样反而束缚了你有效的投资技巧，终会使你迷失方向，遭到市场的愚弄和欺骗。特别是我们定期关注的消息、新闻是相对静态的东西，而一旦开盘，价格却是动态的。这种状态与静态的大不一样，就算你本来通过分析与研究对如何应对不可预见的情形已经有了准备，若一旦进入动态的市场，事先经过冷静分析所定下的决策往往会不翼而飞。

市场就像一个"医疗破坏者"，往往把你推向不可救药的地步。作为投资者，必须学会保持稳定性与计划性，这样才能决定你的交易胜利。

在投资市场里选择好的投资品种，就像抓黄鳝一样，它浑身滑溜溜，吃软不吃硬，只能"托"，不能用力"抓"，也不可用力捏，否则，它感到不舒服，就会挣脱，你无论多么用力，都会从你手中溜走。所以做多或者做空某一标的产品或品种时，**紧不如松，快不如慢，刚不如柔，巧不如拙。**

正如刀工师傅的精妙手艺，最佳的下刀技艺是不快不慢，得心应手。终日沉溺于市场，与其零距离接触，特别是每天只盯着电脑屏幕，翻来覆去敲打着键盘不断买入卖出，赚钱时扬扬自得，赔钱时恐惧悲伤的人，注定是输家。

只有远离市场，才能把市场看清，也才能保持头脑清醒。这个投资交易市场本身就不是一个十全十美的运行体系，加上投资者思维和策略上存在的缺陷，二者都有非理性的成分，市场和投资者双方的信息都不具有可靠性。这样的情况会造成每一个投资者对市场的理解有所不同，再加上自己的主观因素，对市场的认识就更是千人千面，各执一词，各种偏见和缺陷就不可避免了。

例如，在投资交易市场上，本来你做多某一品种，把它买进持有，等待后期上涨，但它未在预期内上涨，你就卖出它，不久它又开始上涨了，你再在这个价位买入也正确，但成本肯定比原来高了许多，这个操作与原来相比较，能算正确吗？起码是在"错误"的时间遇到了"错误"的价格。

因此，我们在投资市场，不仅要经常离开市场，还要"忘掉买价"，这样就不会被其短期价格的涨跌牵着鼻子走，使得你投资的初衷被扰乱，无所适从。

大家都认可抱长线赚大钱，但抱长线的人必须做到呆若木鸡，才能赚到大钱。训练斗鸡的人，开始训练一只斗鸡时，稍一挑逗，这只斗鸡就会勃然大怒，好勇好斗。再训练一段时日，这只斗鸡会变得安详自在，不易动怒，纵有挑逗只会稍微动一下，不会暴怒而起，四处攻击。再训练一段时间，这只斗鸡对外在的挑逗完全不看在眼里，眼睛连看都不看，是真正的呆若木鸡。结果斗鸡大会上，这只木鸡的气势震撼了其他比赛者，没有一只斗鸡敢与它叫阵，最后这只斗鸡不战而胜。选对买入的品种，抱牢它，"呆若木鸡"，才能稳操胜券。

俗话说，会买的是徒弟，会卖才是师父。离场是交易过程的终点，最终决定了交易的盈亏，此前的领先和落后都与最终结果无关，只有在离场的这一刻才分出胜负。相对于进场来说，离场更像是一门艺术。因为任何投资或交易买入就是进场，卖出就是离场，实际上离场要比进场难得多。因为进场是针对市场的确定性部分来操作，而离场更多是因为市场的不确定性成分出现要做出的选择。

投资交易做多或做空，进场较容易，离场却难。投资者必须要有"六亲不认"的心理素质，该离场时果断离场，胜出走人。有时离开市场就是防止被敌人伤害、诱骗，距离产生美，站得高才能看得远。原来买入某一品种或卖出某一产品，你始终在市场中间，离得太近，当局者迷啊！离远了市场，不去知道这一时期的事情，也就进一步印证了前面所讲到的：用"不知道"的事可以掌控"知道"的事。

这正是：

横看成岭侧成峰，
远近高低各不同。
不识庐山真面目，
只缘身在此山中。

财富给直觉对的人

顺势如"天"

所谓"天"即道，道即规律，能完全按照规律去做事的人，就是能人。他们对周围的环境纷繁复杂的各种信息有极强的观察力和感受力，特别是还能从中找得出应对的方法，精准应用获得成功。天时即时机，天道即法理，只可认识顺应，不可相违。而投资之道就是要顺应时代与掌握不同交易品种自身变化规律，从而找到自己与之匹配的节拍。趋势如"天"，就是在投资交易市场，虽然大量个体是无序运动的，如每天不同交易的品种出现的不同涨跌，但是这些个体在无序运动中，往往也会形成整体上的有序与规律。正如物理学上的布朗运动遵从平均律一样。

所以身在这个市场的你，猜对某一品种一时的涨跌并不重要，**关键是能不能正确判断趋势和准确把握节奏。**

如今很多财经栏目让一些专业机构预测第二天交易市场大盘指数的涨跌，这是非常可笑的，因为这无非就是一个猜大小的游戏，和抛硬币猜正反没什么两样，反倒让观众在每日的涨涨跌跌中眼花缭乱、心态浮躁，受到误导。

其实，任何交易品种包括股票在内的涨跌概率本身各占一半，即50%，猜对也不稀奇，但关键是猜对什么时候涨多少，什么时候跌多少，这就非常重要了。主力资金有时能决定其短期的价格，但也难以改变其变化趋势。

牛市正如猜牌游戏一样，你从一副扑克牌中抽出的只要不是黑桃就算赢，也就是说，只要你每次抽到的是红心、方块或梅花，你就胜出；而熊市好比是你从一副扑克牌中抽出的只要不是黑桃就算输，只要你每次抽到的是红心、方块或梅花，你就输了。

普通人往往为小的冒犯所激怒，在大的冒犯面前反而保持沉默、无动于衷。因此，炒股者不可每日关心股票的涨涨跌跌，你的资金应该投入股市还是撤离股市，应该根据股市的运行趋势决定。到底什么时候买入、什么时候卖出，应该完全依据股市变化的节奏与旋律去把握。趋势就是市场何去何从的方向，只有准确地判断综合指数或大盘走势才能在这个市场的中长期生存并获利。因为趋势如"天"，顺势而为，大智若愚。必须学会如何顺应自然，顺应"上天"。也不需要多聪明，只要能把握大势，跟随趋势，获得财富的机会就会出现。

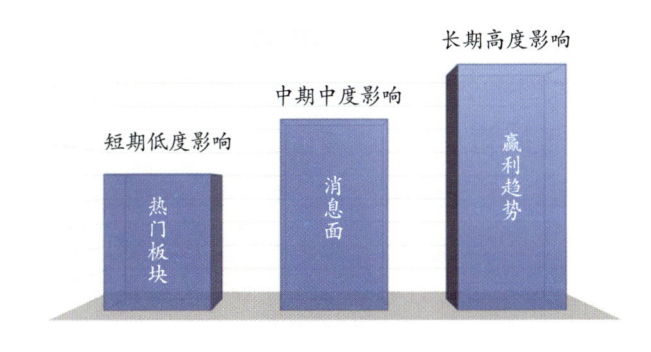

各阶段的影响因素

趋势虽然只有上涨、下跌、横盘三种，但由于人为的因素会有真真假假，"假作真时真亦假，真作假时假亦真"。我们所处的这个投资交易市场里的真真假假、虚虚实实要想辨别清楚难度非常大，判断"趋势"很简单，但分辨真假趋势就非常困难。能影响趋势的因素有很多，但影响程度各不相同。

因此，顺应趋势，花全部的时间研究市场的正确趋势，如果能与之保持一致，你的利润就会源源不断。所以，无论投资什么行业、什么项目，都要让它本身的趋势成为你的"朋友"，识大趋势赚大钱，看小方向得小钱，就是这个道理。趋势乃众热而生，众冷而散。掌握投资的趋势，就是要学会研究经济周期，因为决定趋势的重要因素就是周期律。投资因为有周期才有意义，任何单次的涨跌输赢都是随机事件而非概率事件，研究周期，就是希望能把投资放到一个长的历史时间中来看。

逆势操作也是另一种失败的开始，我们千万不要对抗市场，或试图击败它。操盘中有两个最基本的成功法则：止损和持涨。一方面，截断亏损，控制被动；另一方面，赢利趋势未走完，就不要轻易出场，要让利润充分增长。多头市场上，大多数股票可以不怕暂时被套。买对了还要懂得安坐不动，无论风吹浪打，胜似闲庭信步。速速认赔，是空头市场交易中的一个重要原则。当头寸遭受损失时，切忌加码再搏。在空头市场中，不输甚至少输就是赢。一只在中长期下降趋势里挣扎的品种，任何时候卖出都是对的，即使是卖在了近期的最低价上。被动持有，等待它下跌到底部，这是最愚蠢的行为，因为它可能根本没有底，即使有真正的底部，也是反反复复慢慢筑出来的。

要认识趋势的发展，我们应该注意，空间分上、中、下，时间有过去、现在、未来，都具有三分法的特点。而"大直若屈，大巧若拙"。最直的看着是弯曲的，最大的技巧看着是笨拙的。任何市场的走势亦然，"道路是曲折的，前途是光明的"。

所以，任何投资交易品种或股票如一直上涨，中间也没有回调，那是不长久的。由于时空的三分特征，一波三折往往是每只股票趋势的基本特征，任何股票都不会直线上升或直线下降。一波三折是指股价线在一段下跌或上涨行情中，出现的3个下降或3个上升的波浪。1个波浪称为一折，3个波浪就是三折。该形态是判断行情是否见底或见顶的"航标"性指标。

正因如此，波浪理论认为，1个上涨阶段分为3大波浪，而且每一次上升后，会有小的下跌，但一般不会跌破前一波的低点。下降中的"一波三折"，显示的是做多信号，第三折出现是最佳买点。上涨中的"一波三折"，显示的是做空信号，第三折出现是最佳卖点。若3个交易日不创新高，一般会是向下走势，3次探底往往成功率较高。

连续5次抛出硬币，一共有32种可能出现的情形。连续3次出现同一面的概率高达16次，占50%，而正反面交替出现的概率只有6.25%，所以我们可得出"有二必有三"的定律，若上升两波或两天时间则再发生一次上升的可能性非常大。当然，下跌亦然。

有时我们为了更准确地把握趋势，还必须学会看懂节奏。节奏就是市场循环往复的不同推进形式，是资金能量在个体品种走势的一定时期内，幅度与角度强弱、旺衰的外在表现。如在股票市场某只股票5个交易日内跌幅为20%，第一次横盘3个交易日后，又在5个交易日内跌幅达10%，第二次横盘3个交易日后，又在5个交易日跌幅达5%，这就是下跌能量逐步衰竭，从节奏看其幅度在变窄。在趋势转换中，小趋势转折较容易，而大趋势转折因能量的长期集聚，往往是反复的。

"千里之堤，溃于蚁穴"。任何交易品种顶部的最终形成是较缓慢的，首先必须消耗大部分投资者的能量与耐心，当然，突发事件影响除外。因此，在顶部的暴跌并不是主力资金出逃的方法，主力资金出逃，一般选择在暴涨过程中大举沽出筹码。而确认顶部的标志，往往是出现一个顶部之后下跌，紧跟着出现一定幅度的上升，正如我们前面所提到的"凹形"的出现。因为规模庞大，这样的动作一次远远不够。这种诱空性的双头或圆弧顶形成以后，其杀伤力非常巨大。因为主力不断出货，就会有获利盘跟着涌出，所以必须再次推升，使那些自认为聪明的散户再次跟入，这样市场将会出现非理性的推高行为，盈利空间又会迅速打开，这时主力又再次派发，终使介入的聪明人牢牢套在高位。因此趋势一旦反转，必须坚决止损，止损当然也要因势、因时变化。止损不是认错，承认自己智商低，而是顺应市场，顺其自然。止损不可与最高价比，不然，你的幻想总会在期待中破灭。在底部亦然，底部的最后确立，必须是在最后的一个诱空中成功，这时的暴跌是最佳的抢筹机会。

我们看盘面，不仅要知趋势、懂节奏，还应看力度，一根阳线和一根阴线都说明不了什么，关键是每个阳线之后的阴线和阴线之后的阳线是否真实反映并预示出了之后的运行轨迹。趋势是你成为赢家的真正王牌，当确认的趋势一旦形成，我们不妨大胆地在涨势中敢于追涨，在转为跌势时又不惜成本地成功杀跌。**无论如何，要想读懂投资交易市场的真实变化，对于趋势、节奏、力度的了解一个都不能少。**

做企业也是，一些企业人才也有、资源也有，但为什么做不大，就是不知道要如何顺应大的趋势。而且必须懂得：

铺垫（人脉、组合） ▸ 造局（空间、合作） ▸ 看势（时机、政策）

要感知到自然而然，因为好事多磨实际上是谬误，到最后真正成功的企业家，还必须能够判断出"收手"的时间点。实际上当你发现自己遇到了赚钱"太容易"的时期，也非常满意的时候，就是退出的时候。

与财富形神合一

我们身在这个纷纭复杂多变的市场博弈中，就如同自己生在这个世界一样，我们和万物是一体的，同在一个地球，海洋、大地、自然、天空、宇宙是我们的一部分。你与自己的投资、交易、项目运营、品种买卖对象，应同在一起，必须学会和投资的事项交流，也可以学会让投资对象主动与你交流，也就是你要吸引它。且你对它越了解，相处越融洽，你赚的钱也会越多。

我们以股票市场为例，当你买入股票，若出现上涨，就证明"它"给你投了赞成票，愿意接纳你；若连续下跌，证明"它"给你投了反对票，不欢迎你。特别是近期你在股票市场，发现股市变化与你的预想完全相反，证明你的预想是错误的，而且你介入的每只股票总是不尽如人意，并经常与你作对，这时候你必须小心，还是尽快离开这个市场为妙，千万不可与之纠缠不休。当然其他投资方面也应该观察其细节，看是否"对象"与你合拍。因为如果不舒服又卯不对榫，这就是让你赔钱的先兆。

投资赚钱的顿悟首先要心无杂念。你可静静一个人来到山里、森林中或海边，使大脑得到自由。当你全身得以放松，心里感到宁静时，你就会感知到所介入与深度参与的这个项目、品种仿佛走在你的面前，并对你慢慢倾诉心声。这些绝不是市场交易中能得到的东西，这种无言的交流才是最真实的。

不仅大众投资者是这样，主力或机构也要这样，必须与市场同步，必须与自然合一。无论如何厉害的庄家，若疯狂买入，而不管市场的抛售力量，也很难永久控制价格与预

期走势，正如在冬天的某个时期，中国、美国竟然在某一时间下了一场大雪一样，市场上境内外投资者并不相互联合沟通，结果与之联系的商品指数结果显示了一致的异动。投资与自然界之间确实有密切关联。

正如月亮绕地球一周需要约28天一样，有时黄金的价格涨跌也与太阳黑子运行有关，白银的价格涨跌又受月亮满亏影响。夏天时毛衣的价格为什么比冬天便宜许多？难道庄家大量卖出毛衣了吗？真正的原因是因为夏天没人愿意买它，价格才会跳水。

所以在任何投资交易的地方，我们一定要学会"夏天去买冬天的衣服"，这是性价比的道理。真正的庄家总是利用市场，制造消息，利用众多大众散户的心力把某一做多的品种价格做上去。当然上升趋势来临时，有时市场主力只投入极少量的资金就能将价格拉抬上去，只是因为他们非常巧妙地制造了多数人不愿意卖出的氛围而已。

在股票交易中，你与股票没有默契，就不能达到形神合一。实际上，每只股票在市场中都有自己独有的语言与信号，关键就看你能不能正确解读。选择了某只股票，等于你相信了它对你的回报，你就要守信。

正如你与朋友交往，自己没主见，总听信别人的评头论足，这种行为就是对朋友的不信任；你对他不信任，他又怎么去信任你，与你深入相处呢？

大家知道，我们所处的这个投资或交易的市场，本身就是一个场。正如天体与天体之间可以形成场，人与人之间，以及生物磁场与生物磁场之间也可以形成场。场的重要性在于"心诚则灵"所产生的场态效应，实际上这个"诚"也是你不少时日的准备与去伪存真的积累。人的思维是相当复杂的，就像大海波澜起伏，每时每刻都有念头冒出来。想预知的事往往总是与其他无关的杂念搅在一起，因此要把它与杂念相对地分离，即应进行信息纯化。

而人在静态时（或心境平静祥和时），显意识（杂念）下沉，潜意识上升并占主导地位，对市场现象可能会看得清楚一些。当然，一个人如"静"不下来，就是金条摆在眼前也会视而不见。内在的心理认知过程，影响着一个人的行动。在交易的市场，心念的力量更是至高无上，心灵力量能够产生制约行动的神奇作用。

当然，你与投资及交易买卖这个品种要想形神合一，正如靠近一只小鸟一样，如被你的举动惊吓，它会跑得无影无踪。等它再出现在你眼前，你一旦去碰它，它又会被吓跑，让你空欢喜一场。因此，你要慢慢来，开始时让它感觉不到你有什么举动，逐步让它对你产生好感，再慢慢等待进一步接近它的机会。

有时这个不错的投资交易品种又像是一朵小花，你要好好浇培，要轻轻爱护、保护、呵护它，你对它发脾气，它可能就会不听你的话。对它不仅要用行动爱护，还要用心，而且思想上不可有任何邪念。好比与人合作，一开始就有"损人利己"的念头，本来这笔生意应该获利颇丰，到头来你肯定得不偿失。大家看过排球比赛吧，当某个队员心态不稳，心念太重时发球，恨不得自己发过去的球对方队员谁也接不住，其结果往往不是下网就是出界。

你上午做多买进，就期待它下午就涨停，或者下午做空卖出，就期待它一早就下跌，或你投入的资金几周内没给你翻倍，你就开始憎恨它，这种心态下你永远也赚不到钱。因为你的所面临的"对象"完全能够感觉出你的不忠贞，你未流露出的"心态"它完全可以感受到。当你与它非常默契时，你就会惊人地与其上升下跌的节奏合拍并互动，而且它的每一次动作变化你都会非常熟悉，你对它施用的一些方法、技巧也就显得非常管用。

在观想宇宙万物"相互依存"的过程中，我们会发现每一念都包括整个宇宙。这一念可能是一个记忆，一个想法，一种感受，一种希望。从空间的角度看，我们可以称它为"意识的粒子"。从时间的角度来看，我们可以称它为"时间的粒子"。一念之中包括过去、现在、未来以及整个宇宙。

大家不知有无这样的经历，当你今天晚上做梦或早上起来，或坐在火车上，隐约地见到或想到你的某个亲人或朋友、同事、老乡时，结果第二天或下午或出了车站，你就真的见到了他（她），这种经历实际上在每个人身上都发生过，只是你不留心，这就是我们讲的心物互摄与形神合一法则。你是心，对方（应）是物。

1956年，在剑桥trinity学院举行的一次关于心物关系的讲座中，物理学家爱文·舒罗丁格尔问，意识应该是单数还是复数。他的结论是，从外部来看，似乎有很多心，但是从实际来看，只有一个心。一个和多个的分别是由概念制造出来的一种度量。只有当我们明白了事物间互即互入的本性，我们才能够获得解脱。实相既不是一也不是多。

因此，当你幻想出现你认为的好事，大多会落空，而当你感觉某个你认为的坏事要发生，它肯定会发生！所以你如何利用心物互摄法则转凶为吉呢？我可告诉你，想把坏事变成好事，你的心里就执着地认为那个坏事其实是好事，后来仔细推究，果然真的变成了好事。这就是心物互摄的神奇法则。

无论是气论还是大地说，都把大地看作是与人体相当的具有生命的系统。通过人体的经络穴位来推知大地经络穴位的方法，早在中国古代即已出现。古人所言"天地一大天地，人身一小天地"的思想即是这种认识的反映。现代西方的科学家，已经做了一个有关人与宇宙的实验。这个实验中，把人脑细胞相片放大，然后再把银河系的相片也放大，结果两者的结构竟然出奇地相似。古人认为人与自然是和谐的，是统一的，物我同一。天地万物同出一源，即太极。"天地宇宙，一人之身也；六合之内，一人之制也。"大地不是铁板一块，而是具有网络结构的。如前寒武系所形成的北东和北西方向的两组早期断裂作为深部基底，控制了上层构造的发展和地震带的活动；活动断裂带上往往是大地穴位、敏感点和窗口所在；穴位、敏感点连接起来可形成敏感带，这种带相当于人体经络和脉搏。天道中天人合一，人道中世界大同，地道中知行合一。天时只可等；地利可创造；人和可利用。但是没有天时，不可创造地利，更不可人为破坏违背天道法则，违天理、瞒地道、妄人和，将受天地自然的惩罚。

《周易》里的"顺乎天而应乎人"，就蕴涵着"顺天应人"的意思。就是基于"天人合一"的思想，追求人与自然之间的和谐。儒家主张"天人合一"，追求人与自然和谐，就是要把人与自然作为一个整体来统一考虑，而不是把二者割裂开来，更不能把二者对立起来。"天人合一"的思想认为，"天"，可以代表不以人的意志为转移的客体规律；而作为管理主体的人，在"天"的面前应该而且可以发挥自己的主体能动作用。按照"天人合一"的思想，管理者只有遵循客观规律办事，才能取得成功；而要成为一个合格的管理者，就必须加强学习修养，以便掌握客观规律，与"天"保持一致。

"应人"，其实就是基于"以人为本"的思想，追求人与人之间的和谐。应物、应财富、应金钱就是要找到与其的契合度，用你的善良心亲近它、热爱它、爱护它，要产生一种相互关联、私密且难以分开的意境。

如何与财富心物互摄，形神合一，也就是"无碍心"和"无碍境"。心和世界是如此的圆融，以致我们将它称为"心物一如"。要实现心物之间无有分别的"心财"相通的境界。

第一，我们要有潜意识信念与获得财富欲望的力量。如果你尚未拥有财富，那表示你对拥有财富还没有足够的欲望，没有燃烧的欲望，你就很难得到你要的东西。有了燃烧的欲望，你会愿意做任何牺牲包括牺牲"自尊""时间"或人际关系等。回想过去缺钱的痛苦，如果不做任何改变，未来你将不断承受同样的痛苦。想象当你拥有财富之后，你将得到一些欢愉快乐。

第二，要有明确而符合自身实际与需求的可行方向，要获得多少财富，不只是积累金钱，而是用来满足你的目的，满足生活目标。

第三，要积累源源不断的获得财富的自身与客观条件，而且能承受获取财富过程中常人难以忍受的痛苦，同时还能够准备判断实现的机会。

第四，必须要有诚实的力量，"君子爱财，取之有道"。每个人的所作所为就像回力棒。当你用欺瞒、不实的方法得到财富时，这意味着财富终会像砖块般倾倒下来，也不会长久的。而人性是不喜欢吃亏的，你因为贪小便宜，而让别人吃了亏，那么，即便能赚点小钱，早晚也会加倍地还回去，即便暂时没有还回去，也只是因为积累未到而已。

第五，要有宽厚助人的力量，没有别人的协助任何人都不会成功的，因此不愿意主动或被动帮助他人，人生就很难富足、圆满。有时候帮助别人，就等于帮助自己。看似无任何想法的帮助，或对别人付出了那么多，但又可给自己带来好多机会，也许一股源源不断的财富从此而来。而且获得财富必须懂得与人合作时，要能考虑别人的利益，舍得让利给别人，甚至是让别人拿大头。所谓"赚小钱靠做事，赚大钱靠做局"，你如果能帮一百个人赚钱，那么，即便在这一百个人身上，你赚的都是小头，加起来也比每个人都多，而且要更轻松。

我们通过回归自然，探寻财富之源，力求规避宇宙困境，明白财富与金钱的关联，通过财富平衡法则，摆脱财富背后人性的影子，并与幸运结伴而行，真正实现与财富的形神合一，心物互摄，"心财"相通。

聆听直觉的声音

在投资市场，政策敌不过趋势，趋势敌不过周期，周期敌不过人心，但是最终人心又敌不过自然。

老子讲："人法地，地法天，天法道，道法自然。"而这个自然，就是一个无限大的生命体。人类作为大自然的一个极小的成分，不仅与天地惊人地相似，更是受制于天地。"人与天地相应"，因此这个自然世界也会用它特殊的语言（符号、暗示、巧合）告诉人们许多东西。因此我们必须重视或利用在投资领域的各个市场中出现的预兆。

古希腊哲学家柏拉图曾指出："理性"控制着思想活动，"激情"控制着合乎理性的情感，"欲望"则支配着肉体趋乐避苦的倾向。

而人身一般具有"八识"：眼识、耳识、鼻识、舌识、身识、意识、末那识、阿赖耶识。其中前五识是感觉，能直接、相对独立地把握语言及其对象，第六识"意识"是思考，能将前五识的"感觉"形成符号加以抽象把握。前五识停止了，意识依然活跃，比如做梦。后二识为人的深层心，第七识"末那识"，音译为"意根"，对前六识所来的一切，如地位、金钱、色身，念念不忘。第八识"阿赖耶识"，是根本识，即一切心理活动的基础，又叫"一切种子识"。阿赖耶识发挥着两大作用：一方面蕴藏着无尽的生命经验的种子，并因此成为我们生命延续的根本载体，另一方面又为之前的心理活动和行为提供信息。

美国第一家共同基金创始人菲利普·卡雷特讲过一句经典的话："直觉，也就是下意识，比数据要可靠得多。"

世界顶尖级交易商托尼·塞巴利曾这样评价直觉的作用："直觉是最高的市场智慧，它能确知下一步做什么，免除内在和外在的偏见，产生不可动摇的信念。"直觉，通常被描述为一种预兆、感觉、希望、冲动、预感、意识、信念或精神状态。简言之，直觉即是第六感官。每个人都在经意或不经意时体会过，却没有及时地捕捉它、利用它。当然，"直觉"不是普通的"感觉"，直觉存在于我们亲自参与投资市场中的方方面面、每时每刻，只有真正的顶级高手才能深刻体会，比如人们常说的"盘感"。

投资交易做多或者做空，有时就像击球。球一旦离开投手的手，投手就知道这个球是否能击中目标，根本无须等到球撞击的时候。交易买入或卖出一个品种也是如此，一旦成交后，往往你的直觉就会感知到它会上涨还是下跌了。因此，此时千万不可再等待时间去印证你的判断是否正确。

正如自然界中最强大的力量是无法以肉眼看到的一样，人类自身最强大的力量也是看不见的，那就是精神力量。我们的心理过程只有不到10%是有意识的，其他90%是下意识和无意识的，因此，仅依靠有意识的思想来获得结果，不一定每次都有效。那些真正在事业上有巨大成就的人，往往都能够充分利用这种强大的精神预感。

日本禅学家铃木大拙在书中讲过一个故事。

一次，日本著名的剑术家柳生宗严正在花园中给花木剪枝，忽然，他感到一股杀气从背后袭来。他转身一看，没有发现敌人，只有每日跟着自己的书童在旁边捧着工具。他对刚才的杀气感到不安，不知隐藏的敌人在何处，于是停止剪枝，回到书房。这时有一个朋友来拜访他，发现他心情不好，向他询问原因。柳生宗严就把刚才花园中的事讲给他听。后来家人们也知道了这事，书童跑来说："当您在花园中的时候，我在您身后侍候。这时我想，您虽然在剑术方面已经达到高超的境界，但是如果这时我从背后突然袭击，您恐怕还是躲闪不开的。这可能就是您当时感觉到杀气的原因。"

在这个故事中，柳生宗严有一种超越常人的感知能力，可以感觉到他人心中的攻击意识。这类感觉又称为第六感。第六感是一种存在于人的心灵深处的固有能力，它不需要借助眼、耳、鼻、舌、触觉等感觉信息，而是通过心灵直接觉察到感官所不能感知的难以言说的微细信息。

投资交易的市场上也有类似的情况。《直觉交易商》一书中介绍的林达·列文瑟是芝加哥市场上一个成功的女交易商，在18年的交易生涯中，她保持了没有一个星期是赔钱的纪录。她说："如果我在交易中不得不依靠什么的话，那唯一的答案是我的直觉。例如有些天，我打算在市场上买进，突然，我有一种感觉，我对自己说，这市场令人担忧，确切地说它令人感到沉重。我认为市场正在上攀，但如果依靠我的直觉，它则告诉我市场令人担忧。我想说那是一种超感觉，它是生命攸关的信息。如果我的头脑说买，而我试图去买的话，它会停止工作。突然我的'肚子'告诉我它感到沉重，我会依靠我的直觉。我将听从我的'肚子'。很多时候，我甚至无法用文字描述它。它是自动发生的，而经验告诉我应该相信它。这种直觉一天也许仅有一次，也许多一点，我真正做的是当我感觉到了这种直觉时，能够毫不迟疑地依赖它。我认为最好的交易商都更多地听从他们的直觉而非别人的建议。"

在上述实例中，林达·列文瑟不仅把直觉应用于交易而且每天如此，她的直觉也已经达到了可以稳定出现的程度，且她的成绩是令人吃惊的。在市场上如此频繁和直接地运用直觉的人凤毛麟角。

实际上，人的潜意识与大自然的外应一样，**具有明显的周期节律**。例如，包括睡眠质量周期预兆、行为反常周期预兆、食欲好坏周期预兆等，与其投资品种的涨跌有时会形成一种联系。当然，每个人的特点不同而形成的规律也不同。

我在证券公司认识一个客户A，他每次若凌晨三四点突然醒来，12个小时后的当天下午他持有的股票肯定下跌无疑。而如果他在某一天晚上进入睡眠后，一觉醒来已是上午九点，他的股票肯定大涨。这就是一个睡眠质量周期的预兆例证。

实际上我们人类从睡眠前一刹那进入了睡眠状态，这行

为本身就是一种顿悟！

当股市门口的自行车少了的时候，自行车变成汽车的概率反而大了……

在20世纪90年代末期，曾经有一位在证券公司门前卖报纸的老太太，她对证券公司停放的自行车了如指掌，当她发现证券公司门口停放自行车非常少时，她就开始买进股票，而当她发现门口停放自行车特别多时，她又开始卖出股票。虽然她没有文化，也看不懂技术图，但结果她却赚到了钱。为什么？就是因为她用直觉发现了非常适合自己的"幸运符"。老太太风趣地讲，股市门口的自行车数量非常少的时候，这个时候去炒股票，一辆"自行车"有可能会炒成一辆"小轿车"。

成功的企业家为什么成功，肯定有他的特殊悟性与智慧。山西一位笔者的同龄好友，一次见面聊天讲："笨"到极点，就是"聪明"；"拙"到极点，就成了"巧"；"慢"到了极点，就是"加速"。此时笔者才真正明白，他为什么做得如此圆润而优秀了。

自然，就是天地给你的灵感，通过直觉告诉你，而直觉因为摆脱了形象和语言的局限，是你思维的最高形式。也就是前面提到的"阿赖耶识"。犬儒学派哲学家德谟纳克斯讲："感觉与所有事物一样，都不是孤立存在的。"

你若有较久的市场投资经历，大多有这样的例子吧？当你感觉某个品种做多买进以后即会大涨，而你没有去买它，它果真比其他品种涨了许多；当你感觉自己手里的品种快要下跌了，你心存侥幸，认为它仍能支撑，但过几天实际结果又再次印证你之前的感觉是正确的。

因此，假如有人问你哪个产品可以买卖、做多或做空哪个品种可能表现最好，也许你回答不上来。但是如果有人问你对哪一个品种最有感觉，你就会很容易回答他。

当然大自然对你的提醒，还应该守信，而且要必须把"守信"看成是和上天的"约定"，要有"保密条款"。因为在这个金钱出入的地方，自然赐予你的增加财富的好方法、好技巧，甚至选出的好品种，一旦向周围人讲出，它极有可能就又不灵验了。

学会倾听直觉的呼声，直觉是"非你本身思维"的"直接的感觉"，但又不是感性认识。人们平常说的"跟着感觉走"，其中除去表面的成分以外，剩下的就是直觉的因素。直觉需要你去细心体会、领悟，去倾听它的信息、呼声。当直觉出现时，你不必迟疑，更不能压抑，要顺其自然，顺水推舟，做出判断，得出结论。

有人提出，如果把物质分解下去，从分子、原子到质子、中子，再到上夸克、下夸克以至无限……最后分解就是人们的念头波。可见人的意识、意念或在自然中出现的直觉不是空穴来风。特别是直觉在捕捉自然给我们的提示时，刻意追求或人为设计一般关联度小，而不经意得到的外应或提示有时非常准，而且往往是**"风马牛不相及"**的外应更神奇。

有一位做期货的朋友，2021年年初在期货公司开始做多大宗商品，讲述了自己奇特的经历。2022年6月，某城市出现一些疫情，这位朋友居住的某一酒店，当时也划分为管控区，可以叫外卖送餐。6月初某一天中午，他在平台上点好了餐，也叫了外卖。不知道是饭店还是外卖员搞反了，外卖员到了门口电话约他出来说，要从酒店为这位朋友送东西给饭店。本来已经快中午两点了，他当时情绪也较激动与不满，虽然外卖员又去饭店拿上后送了餐，但是，也就是因为他"心念也动了"，而到了晚上期货市场交易时段，他和我描述说，"这时中午外卖员送反的情境又历历在目，我当时突然意识到，而且直觉也告诉我，外卖奇怪地送反了，我现在商品期货会不会也已经做反了呢？就这样我马上平多，全部清仓。"当即这样做了，结果过了几天期货品种大幅下跌。我告诉他，这就是自然而然的"外应"让你的"直觉"捕捉到了它的"无声的语言"，如果再精准一级，开仓做空那就更为神奇了吧。

当然不可以认为"外卖只要送反了，就讲期货市场商品交易价格就会下跌"，错误！这位客户得到的外应，是因为他一直做多，而且大宗商品也涨幅较久了，他当时又有了无意的情绪起伏、突然的联想与果断的操作。当然捕捉或聆听直觉的声音，是完全因人而异的，也不会雷同。

用心倾听，落花也有声音。在愿望化为现实之前，我们往往总能看到一些"可喜的征兆"。而且这个"征兆"又是"自身潜能熵最大"。每个人的最大机会是"上天"给的,是自然形成的,而一些小的机会只能人为刻意地获取,因此也是短暂的。例如,有个投资者操作失误,想继续做多增加买入某品种仓位数量,却操作反了全部卖出,但这个投资者发现后,笑了笑和自己说,"就这样吧,只能顺其自然了"。结果过了几天市场大多交易的品种都出现大跌,自己原来持有的那个品种更是下跌了许多,这样反而避免了损失。也许这就是顺其自然法则的较好应用。但是人们往往对"上天"给予的机会视若无睹,而对于人为的机会却争先恐后,**追逐小机会,到头来往往又得不偿失**。

天地间至简至易就是"一"字:一勺水便具四海水味,世法不必尽尝;千江月,总是一轮月光,心珠宜当独朗。

"吹万不同",风是一样的风,被风吹过的感悟却是不同的。在任何涉及金钱、财富的市场与行为中,绝不可心外求法,舍本逐末。因此最好的赚钱大法,就是将别人的优点"集成"非常适合自己的简约而独特的"不二"方法。

无论什么投资理论,对于每个人来说,可能因经历、心力的不同,会激发、契合出完全不一样的获得财富的象征与途径。

每个人都是非常好的"一粒种子",只是"结出硕果"

的时间各异。

相信自己：如果遇到了适合的"土壤"与"环境"，只要紧紧拥抱，必然"硕果累累、飘香四溢"。

后记
唤醒生命的菩提

人类从未停止过探索自然宇宙，用有限的法理探知未知的世界。老子的《道德经》被誉为古代哲学思想的开山之作，对宇宙、人生、社会、政治、军事认知的哲学思维，是朴素唯物主义和辩证法的集中体现，对西方哲学有着深远的影响。黑格尔、尼采、海德格尔等西方大哲对老子的哲思推崇备至，称老子的"道"是"一切事物存在的理性基础"。

在这种思维的影响下，我虽然走入了金融行业，但不乏对规律的探索，甚至是宇宙现象。从"无"中观察"道"的奥妙，从"有"中观察"道"的运行，从"有"中关注"非有"。

所以，我倡导：**自然的东西最伟大、简单的东西最实用、普通的东西最具价值！**

人与自然的规律是完全吻合的。人本天地之气而生，故人体必须顺应自然界阴阳消长的规律。健康的身体基因也要顺应春生、夏长、秋获、冬眠的规律，即幼苦、长磨、成壮、老藏的天然环境节奏。"四时变化而能久成"。如果说四季中没有冬季，那就无法冬藏。没有冬藏时的修养蓄力，一定会影响来年的再生。我们的生活和工作又何尝不是？！人类意识萌芽之初就认知到自然的伟大，并让自己的行为仿效自然、顺应自然。提及八卦，往往被狭隘的认知为"卜卦"，实际上是讲自然界中存在的八种自然现象，即天、地、雷、风、水、火、山、泽。这八种自然现象组合形成了六十四种人与自然的不同关系。人类从这八种自然现象之间的关系中倾听大自然的道理和规律，才有了"易学"；万物因中而存、因极而变。如果一个人不知自己的不足，而且还没有看到自己的瑕疵，反而更可怕。月圆则亏，日中则昃。枝头果成，熟透即坠。所以古人云"满招损，谦受益"；宇宙为圆，周而复始。中国古钱币取象于"外圆内方"。提醒人们待人接物要像宇宙天地一样，圆融通达；对内坚守本心，守正笃实。就连大家耳熟能详的"二八法则"也是源于"天圆地方"，而非"舶来品"。假设一圆嵌入正方形，正方形的边长是5，那么它的面积是5×5=25；假设圆的直径也是5，那么圆的面积为 $\pi \times 2.5 \times 2.5 = 19.625 \approx 20$。而圆的面积正好占正方形面积的80%，与正方形剩余面积20%刚好为二八之比。

　　人是自然的产物，大家熟知的"五脏"，即心、肝、脾、肺、肾，除"心"字外，其他四脏均为汉字的月字旁。更为神奇的是，心脏红色像红太阳，其他四脏为暗红色，恰似月亮围着太阳转的阴阳平衡。我曾经在一家上市券商任高管且分管内控工作。证券行业第一次全国合规管理大会上，在诸多证券公司中选取6家进行经验交流，我司因独创的"五连环"管控机制被推选第一家发言交流，并在全国推广。所谓"五连环"就是"启动 过程 结果 反馈 跟踪"自然而然的闭环管理。后来我所著《双内控》一书，由北京大学出版社公开出版发行。该书理论荣获北京大学上市公司风险管理奖。

企业管理亦然，也有其"自然"之妙。我管理公司一直提倡"管理是引导不是控制"为主题。如在某期货公司中还针对人性的契合点，辅之以"公司三十六条经营管理行为准则""1+X"和"狼吃羊"的考核标准，"无论是高管还是员工，都是店小二""强化权威，弱化权利"的宗旨以及"内控管理五不能底线"，即"繁忙不能代替程序，人情不能代替原则，默认不能代替流程，业务不能代替法律，信任不能代替制衡"。

自然，又是简约的。好比过完白天过晚上，一年春夏秋冬交替进行。在日常生活处事中，简单也是最实用的。在管理中我主张用简单的、通俗的语言把复杂的事情说清楚。因为只有这样才能够看到事情的实质与真相。那些用貌似专业的术语、佶屈聱牙的名词进行"包装"的事情，多数是有问题的。

黑格尔在总结了欧洲哲学思想后提出了"否定之否定"的概念和理论。这个理论是唯物辩证法基本规律。我在企业管理中的第一个理念就是——对的时间遇到对的团队，还要契合对的模式。随着时间的不同、时代的变化，你过去对的决策、模式放到现在不一定适合。尤其是金融行业，监管规则是按照社会整体经济状况，不断发生变化的。一味地守成不变肯定会被淘汰。因此我在管理中提出，"要敢于否定昨天对的自己"。

中国传统文化伟大之处是因时而变，"易"即"变易"。东方文化是内向思维，西方文化是外向思维，因此在西方文化意识中，东方文化用经验酝酿概念是讲不清、道不明，也难以使人信服的。但是，西方始终没有认识到，真正的"大道"只可意会不可言传。

"一切圣贤，皆以无为法而有差别""如筏喻者，法尚应舍，何况非法"。

所以，"觉悟，是极致的科学"。

出版此书，不仅是为了探寻财富的真正"法门"，更重要的是通过投资市场中那些天人合一、出神入化的自然哲理，使读者忍辱如地、不著如风，从而心包太虚，量周沙界，明心见性，顿悟人类在宇宙中生存的大道。

在本书公开出版之际，感谢Jessica·明珠为本书提供了版权肖像原型，王泽安、魏敏、刘卓新等在文字编排上给予的协助，在此向他们表示诚挚的谢意。也感谢有缘的读者，在书海中选择了这本书，让我们彼此进行跨时空的思维交流与顿悟！

火 越

2023 年 06 月 28 日

Email：133931888@qq.com

图书在版编目（CIP）数据

财富，给直觉对的人/火越著．—北京：中国科学技术出版社，2023.10
ISBN 978-7-5236-0273-7

Ⅰ．①财⋯ Ⅱ．①火⋯ Ⅲ．①投资—基本知识 Ⅳ．① F830.59

中国国家版本馆 CIP 数据核字（2023）第 110973 号

策划编辑	李清云	责任编辑	刘　畅
制作设计	仙境设计	版式设计	蚂蚁设计
责任校对	吕传新	责任印制	李晓霖

出　　版	中国科学技术出版社
发　　行	中国科学技术出版社有限公司发行部
地　　址	北京市海淀区中关村南大街 16 号
邮　　编	100081
发行电话	010-62173865
传　　真	010-62173081
网　　址	http://www.cspbooks.com.cn
开　　本	880mm×1230mm　1/32
字　　数	225 千字
印　　张	10.25
版　　次	2023 年 10 月第 1 版
印　　次	2023 年 10 月第 1 次印刷
印　　刷	河北鹏润印刷有限公司
书　　号	ISBN 978-7-5236-0273-7/F・1154
定　　价	68.00 元

（凡购买本社图书，如有缺页、倒页、脱页者，本社发行部负责调换）